엄마는 자녀와 함께 성장한다

사춘기 소통 전문가가 알려주는 관계 · 성적 향상 시크릿

디아스포라(DIASPORA)는 독자 여러분의 책에 관한 아이디어와 원고 투고를 기다리고 있습니다. 디아스포라는 종교(기독교), 경제·경영서, 일반 문학 등 다양한 장르의 국내 저자와 해외 번역서를 준비하고 있습니다. 출간을 고민하고 계신 분들은 이메일 chonpa2@hanmail.net로 간단한 개요와 취지, 연락처 등을 적어 보내주세요.

엄마는 자녀와 함께 성장한다

사춘기 소통 전문가가 알려주는 관계 · 성적 향상 시크릿

—

초판1쇄 인쇄 2023년 12월 19일
초판1쇄 발행 2023년 12월 26일

—

지은이 김유진
발행인 손동민
디자인 강민영
편 집 박정은

—

펴낸곳 디아스포라
출판등록 제25100 – 2014 – 000013호
주 소 서울시 서대문구 증가로18, 204호
전 화 02-333-8877(8855)
팩 스 02-334-8092
이메일 chonpa2@hanmail.net
공식 블로그 http://blog.naver.com/siencia

ISBN 978-89-7044-642-4(13190)

엄마는 자녀와 함께 성장한다

사춘기 소통 전문가가 알려주는 관계 · 성적 향상 시크릿

김유진 지음

디아스포라

차례

1부 아이 강점 키우기 : 마음편

"자기 자신을 깨닫는 것은 세계를 이해하는 첫걸음이다." – 로버트 로젠탈 (Robert L. Rosenthal)

3. 아이 강점 알기 스타트

"기질은 내면의 불빛을 키우는 마법의 양초와 같다." – 에디슨 (Thomas Alva Edison)

2부 아이 강점 키우기 학습편

"나답게 공부하는 것은 인생의 비밀을 발견하는 것이다." – 마크 트웨인 (Mark Twain)

3부 내 아이 원석에서 진짜 보석으로

"사춘기는 불안한 터널을 건너는 시기이지만, 곧 밝은 희망이 펼쳐진다." – 저자 김유진

엄마는 아이와 함께 성장한다.

여름날 무더위와 싸울 때쯤 낭랑한 목소리의 저자에게 연락이 왔다. 책을 출간한다는 소식이었다. 그동안 저자의 고민과 앞으로 삶의 방향에 대해 나누었던 시간을 미루어 보면 엄마 코치로서의 전문성을 발휘하는 내용일 것이라고 생각하며 원고를 읽어 갔다.

여느 엄마들처럼 아이에 대한 기대와 애로사항에 대해 담담하게 기술하였다. 사춘기가 오기 시작한 자녀를 보며 회피하지 않고 슬기롭게 해결하고 싶은 마음은 모든 엄마가 공감하지 않을까 생각한다. 엄마로서 아이를 미숙한 존재로 바라보는 시각을 버리고, 존재 자체를 있는 그대로 바라보며 스스로 개척할 수 있도록 돕는 과정을 저자만의 재치 있는 언어로 표현하였다.

모든 아이는 재능을 가지고 태어난다. 하지만 재능을 발견하지 못하거나, 재능을 발견했으나 발전시키지 못하는 경우가 많다. 이에 대해 저자는 자신의 변화를 먼저 생각했다. 그리고 그 변화의 시작은 자신을 있는 그대로 인정하기부터였던 것 같다. 저자는 자신의 이해에서 비롯된 재능을 찾는 과정에서는 가치관과 양육관 그리고 교육관을 먼저 정립하고 난 후 자녀를 바라보는 연습이 중요하다고 강조한다. 이는 관계정서적인 부분에서 자녀로 하여금 사랑과 신뢰를 형성하게 한다. 엄마의 안정은 자녀들로

하여금 사랑이라는 근원적인 느낌이 들게 한다. 이는 잔소리를 하더라도 자녀가 사랑으로 인정하는 효과를 불러일으킨다.

저자는 자신의 마음에서 오는 욕구와 재능을 알게 되면서 아이와의 사이가 더 좋아짐을 느낀다고 한다. 이는 서로의 마음과 소통의 방식이 다를 뿐 본질적인 사랑은 같음을 알았기 때문이라고 한다. 비로소 자녀를 있는 그대로 바라볼 수 있기 때문일 것이다.

저자는 학습전문가이자 기질전문가로서 유형별로 구분하여 설명한다. 실전에서 쌓아온 자신의 노하우를 제공하기 위함이다. 또한 자칫 유형으로 규정짓는 행위에 대해서는 경계한다. 심리학에서 말하는 낙인효과의 부정적인 이유 때문일 것이다. 학습 방법에 대해서도 예시와 이론을 통해 체계적으로 제시하여 우리 아이들이 최고의 효과를 낼 수 있도록 돕는다. 저자의 마음을 느낄 수 있는 부분이다.

사춘기를 문제로 보지 않고 재능으로 보는 관점은 이 책을 읽는 독자들에게 신선한 충격이 되지 않을까. 일반적으로 사춘기, 중2병 등의 단어를 들을 때 부정적인 느낌이 먼저 드는 것은 사실이다. 하지만 오히려 관점에 따라 긍정적인 느낌으로 변환시키는 노력은 독자들이 자녀에 대한 사랑의 실천을 할 수 있는 원동력이다.

엄마가 아이와 함께 성장한다는 의미는 특별한 것이 아닌 일상에서 나와 자녀의 재능이 다름을 인정하고, 서로의 부족한 부분을 채워가는 삶의 여정이 아닐까 생각해 본다.

USWA 재능경영교육학과 교수 박제희

사춘기가 뭐? 너는 여전히 엄마 손바닥 안이란다.

여덟 살 된 아들을 키우고 있다. 아기같이 귀엽고 아빠를 잘 따르는 녀석이다. 내가 그 녀석 나이 때 어땠는지, 그리고 언제 어떻게 변해갔는지 꽤 선명하게 기억하고 있다. 그래서 마음의 준비는 이미 하고 있다. 이제 곧 이 예쁜 녀석도 사춘기를 맞을 것이고, 우리 집에도 전쟁이 시작될 것이다.

저자는 엄마의 시선으로 본 사춘기 아이들을 이렇게 표현한다. '지랄발광'. 다소 거칠게 느껴지는 표현이라 뜻을 관철하진 못했지만, 사실 원래 저자는 책 제목에 이 표현을 그대로 쓰고 싶어 했다.

자녀가 사춘기가 되면 엄마와 자녀 사이의 모든 것이 변한다. 내 품을 가장 좋아하던 아이가 자기 방에 들어가서 문을 잠가버린다. 얼마 전까지만 해도 내 아이의 모든 것을 안다고 생각했는데 이젠 얘가 무슨 생각을 하고 있는지 도통 모르겠다. 아이는 학업이나 인간관계의 어려움을 접하며 삶이라는 게 만만치 않다는 걸 온몸으로 깨우치는 중인데 이 중요한 순간에 엄마로서 도움은커녕 짐만 되는 것 같다.

저자는 상기한 일들이 당신에게만 일어나는 특별한 이벤트가 아니라 대부분의 엄마가 겪는 통과의례임을 말해준다. 그리고 이 시기를 어떻게 하면 슬기롭게 잘 건너갈 수 있는지 알려준다. 저자는 사교육 현장에서 잔뼈가 굵은 인물이며, 기질을 통한 심리상담 전문가이며, 사춘기 아이들의 엄마이기도 하다. 사춘기 아이를 잘 포용하면서 이에 더해, 혹은 이의 결과로 공부까지 잘할 수 있는 방법을 아낌없이 전수한다.

모든 아이는 각자 고유의 기질이 있다. 그 기질을 바꾸려 하기보다 그에 맞는 방법으로 소통하면 된다. 심지어 기질 별로 학습 코칭 방법도 다 다르다. 여기 소개된 방법을 당신의 자녀에게 적용해 보라. 사춘기 아이와 흉금을 터놓을 수 있는 친구가 되고, 아이의 성적까지 올려주는 엄마가 될 수 있다.

아직은 더 지켜봐야 하겠지만 지금까지 관찰해 본 결과 내 아들의 기질은 '행동형'이다. 이 책에선 이런 유형의 아이는 한번 꽂히면 굉장한 집중력을 발휘하지만, 공부하라는 잔소리가 가장 안 먹히는 유형이라고 한다. 그래서 이 녀석이 보라는 책은 안 보고 게임만 한다 싶으면 잔소리가 목구멍까지 올라오지만 꾹 참는다.

두고 보자, 이 녀석아. 나는 네가 앞으로 어떻게 나올지, 그리고 그럴 때 어떻게 해야 하는지 다 알고 있다고! 나는 이 책을 늘 곁에 둔 채 아들 녀석이 사춘기에 진입하고 이를 통과할 때까지 바이블처럼 수시로 보려 한다.

㈜컨텐츠플랫폼 대표
이치헌

어머니의 얼굴에 그려져 있는 꽃들은, 꽃말을 알고 보면 아름다운 의미가 있습니다. 딸이 어머니를 바라보는 시선과 어머니에게서 느껴지는 마음까지 전부 담아 보았습니다.

– 이담희 딸 김여온 학생 –

"유진아. 어떡하면 좋니? 우리 아들이 학교도 안 가고 죽고 싶다고 하는데 이유를 물어봐도 대답도 안 하고 미치겠어. 내가 낳은 자식이지만 그 속을 모르겠다. 우리 아들 죽으면 나도 못 살아. 나 정말 어쩌니?"

며칠 전 고등학교 친구에게서 전화가 왔다. 친구 아들은 올해 고1로 내 아들들과 동갑이다. 자라온 모습을 지켜보던 아이인지라 정이 가는 만큼 마음도 더 아팠다. 엄마 닮아 착하고 바르고 공부도 잘하는 모범생 아이였는데 어쩌다 이 상황까지 됐을까? 아이 학교에서는 오래전부터 자퇴를 권하고 정신의학병원을 전전하며 약을 먹어도 잠시뿐 나아질 기미가 보이지 않는다며 친구는 울먹이고 있었다.

아이가 아프면 부모의 시간은 멈추게 된다. 특히 아이가 정신적으로 방황하고 힘들어하면 부모 가슴은 피멍이 든다.

친구는 스트레스가 극에 달해 5년 전 진단받던 유방암이 재발하기에 이르렀다.

지금 여러분도 자녀로 인해 하루하루가 고통인 날을 보내고 있는가? 나를 보며 방긋방긋 웃어만 줘도 가슴 벅차게 했던 내 아가, 아장아장 걸으며 내 품에 안길 때는 세상을 다 가진 것처럼 행복했다. 특히 난임으로 고생한 내게 찾아와 준 아이는 태어나는 순간부터 걷고 뛰고 하는 모든 순간순간을 가슴 벅차게 했다. 존재만으로 감사하고 소중한 아이였다.

그러나 지금은 어쩌다 이 지경이 됐을까? 서로에게 상처의 말로 고통을 주는 사이, 남보다 못한 사이가 되었다. 어디서부터 잘못된 것일까? 내 아이의 속을 들여다볼 수 있다면 얼마나 좋을까? 지금도 이런 고민으로 잠 못 자고 힘들어하는 부모들이 많을 것이다. 사춘기 아이로 힘들어하는 세상의 모든 부모들에게 이 책을 선물하고자 한다. 내 아이의 속을 알고 싶고 어서 정신 차리고 공부도 잘할 수 있기를 바란다. 무엇보다 이 세상을 행복하게 살길 바란다. 그렇다면 이 책을 꼭 정독해 보기를 권한다. 책을 다 읽고 덮는 순간 지옥 같던 마음속에 한 줄기 빛이 생길 것이다.

사춘기 자녀가 있는 부모들은 안다. 어느 순간부터 괴물로 변하는 순간 부모들은 절망하며 어찌할 바를 모른다. 저자도 그랬다. 세 아이의 사춘기를 지켜보면서 참 많이 울었다. 그러나 엄마는 위대하다고 하지 않았던가. 늦은 밤까지 눈을 비벼가며 사춘기와 관련된 책을 모두 읽었다. 하지만 책에서 배운 대로 실천해보고자 아이에게 다가가면 갈수록 아이들은 한 발짝 더 뒤로 물러났다.

절망에 빠진 그 순간, 기질 전문가 과정을 배우게 되었다. 그리고 아이의 행동으로 보이는 현상이 아닌 본질에 집중해야 함을 알게 되었다. 똑같은 환경과 상황에서도 다른 표정과 반응이 나오는 건 아이의 타고난 기질 때문임을 알게 되었다. 그리고 이는 좋다, 나쁘다가 아니라 그 자체로서 존중받고 그 모습 그대로 지지와 격려를 받아야 함을 알았다. 그렇게 나는 기질 전문가 학습 코치로 활동하게 되었다. 그리고 삶에 많은 변화가 찾아왔다. 저자의 세 자녀의 사춘기를 잘 보낼 수 있었고 좋은 관계도 유지할 수 있었다. 무엇보다 삶 자체가 풍요로워짐을 느꼈다. 물질의 풍요로움보다 관계에서 얻는 마음의 평화와 풍요로움이다.

또한 아이마다 타고난 기질(심리 재능)과 강점을 잘 발현시키도록 돕는 일이 중요하다. 심리재능은 타고난 성향과 사고방식을 의미한다. 이러한 심리재능을 알아차리고 이를 강점으로 활용하는 것은 성공의 첫 번째 단계이다. 예를 들어, 어떤 아이는 문제 해결 능력이 뛰어나고 창의적인 아이디어를 생각해 내는 재능을 가질 수 있다. 이를 활용하여 현실 세계의 문제에 대한 독특하고 혁신적인 해결책을 제시할 수 있다.

Everybody is a genius.

But if you judge a fish by its ability to climb a tree, it will live its

whole life believing it is stupid.

- 알버트 아인슈타인 Albert Einstein (독일 과학자) -

"모두가 천재다. 그러나 나무를 오르는 능력으로 물고기를 판단하면 바보라고 믿는 평생을 살 것입니다."

넌 어떤 사람이야?
이 일이 정말 너한테 맞는 거야?

10대부터 40대까지 저자가 스스로에게 했던 질문이다. '나는 누구인 가? 어떻게 살아야 멋지게 사는 걸까? 어떻게 사는 게 나답게 성공하는 삶일까?'에 대한 답을 찾기 위해 돈과 에너지를 많이도 썼다. 그리고 드디어 진짜 나다움을 찾는 일이 중요함을 알게 되었다. 혹시 사람들이 나를 이상하게 보더라도 괜찮다. 내가 사람들에게 부정적인 피드백을 듣는 것은 내가 나쁘거나 잘못해서가 아니라 우린 모두 다른 사람들이기 때문이다.

"열정적인 모험가로 태어났는데 규정을 지키는 공무원으로 인생을 살아간다면 어떨까?"

새로운 것에 열정적으로 도전하면서 성취감을 느껴야 할 사람이 규정에 갇혀 갑갑함에도 불구하고 참아야 한다. 과연 이 사람은 행복할까?

"예술가로 태어났는데 세상의 잣대에 맞춰 공부만 하며 인생을 살아간다면 어떨까?"

"절대 음감인 사람이 연구원을 한다면?" 이 사람 역시 불행할 수 있다.

놀라운 사실은 대다수 사람들이 이렇게 살아간다는 것이다. 그들이 행복하지 못 한 이유는 나 자신에 대한 이해가 없기 때문이다. 내 안에 크게 자리 잡은 거인을 발견하지 못하고 있다. 내 자녀도 마찬가지다. 진짜 타고난 내 아이의 재능을 찾아주자. 내 자녀의 원석이 잘 다듬어지고 세상에 나와 마음껏 재능을 펼칠 수 있게 말이다.

저자는 자타공인 사춘기 소통 전문가이다. 20여 년 이상 학원에서 사춘기 아이들을 가르치고 지켜보았다. 그리고 내 뱃속으로 나온 세 아이의 사춘기도 지켜보면서 많은 연구를 했다. 그리고 내린 결론은 아이의 성향적 본질을 이해하면 사춘기도 두렵지 않다는 것이었다. 죽을 것처럼 힘든 그 시간이 이 책을 다 읽고 덮는 순간 마음이 평안해지는 마법을 경험하게 될 것이다. 이제 사랑하는 자녀의 기질(심리재능)을 알아보고 내 아이와 진심으로 소통할 수 있는 행복한 여행을 떠나보자.

1부

아이 강점 키우기

마음편

아이 강점 키우기
(마음편)

1. 나는 누구인가?

1) 사춘기 세 아이의 평범한 K-엄마

인생에는 다양하고 많은 변수가 존재한다. 특히 임신이 그렇다. 26살에 결혼해 달콤한 신혼생활을 즐기던 내게 언제부터인가 맏며느리로서 어서 '밥값'을 하라는 무언의 압박들이 주변에서 들려오기 시작했다.

'세상에나. 이제 1년도 안 된 새댁에게 밥값을 운운하다니.'

그러나 워낙 긍정적인 나였기에 임신쯤이야 마음만 먹으면 되는 걸로 생각했다. 참으로 오만했고 현실은 잔인했다. 한 달, 두 달 시간이 지나면서 생각처럼 임신이 쉽게 되지 않자 점점 초조해졌다. 온종일 난임 카페에 가서 정보도 얻고 용하다는 전국 한의원은 모두 찾아다녔다. 광주에 있는 전문 난임 센터도 가서 매달 배란유도제를 맞으며 인공수정도 몇 차례나 시도했으나 결과는 항상 실패였다.

인생이 그렇듯 난임에서도 변수는 매주, 매달 나타났다. 우선 생리 시작부터 배란일 날짜를 예측하지 못하거나 배란 주사의 부작용으로 복수가 차고 견딜 수 없는 복통으로 응급실에 실려 가는 일이 허다했다. 인공수정하는 당일에 피치 못할 사정으로 못하면 또 한 달을 기다리기도 했다.

이렇게 여러 변수를 다 넘기고 어렵게 인공수정을 하고도 착상이 되지 않으면 한 달 동안의 노력은 물거품이 된다. 보통 그래서 착상은 명의의 영역이 아닌 신의 영역이라고 부른다. 아무리 훌륭하고 경험이 많아 능력이 있는 의사 선생님도 어쩌지 못하는 분야가 바로 착상이다. 내 아이가 내 몸으로 처음 노크하고 들어오는 그 순간을 기다리며 매일 배에 배란 유도 주사를 맞았다. 임신만 된다면 내 모든 걸 바쳐 아이를 위해 희생하겠노라, 세상에서 제일 좋은 엄마가 되겠노라 다짐하며 하늘에 대고 기도했다.

그리고 어느 날 임신 테스트기에 두 줄이 희미하게 보이고 피검사 수치도 임신으로 나왔다. 세상을 다 가진 기분이었다. 돈, 명예, 좋은 집, 좋은 차도 다 필요 없었다. 우리 부부를 닮은 또 하나의 우주가 이 세상에 나오는 것만큼 감동적이고 대단한 일이 또 있을까? 남편과 매일 임신 테스트기를 보며 기쁨의 눈물을 흘렸다.

그러나 기쁨도 잠시, 어느 날 그 아이는 우리 곁을 허무하게 떠나 버렸다. 너무 허망해서 눈물도 나오지 않았다. 다시 시작할 용기가 나지 않았다. 임신 테스트기를 가득 쌓아 놓고 매달 기도하고 희망을 품었다가 다시 절망하는 패턴을 다시 반복할 용기가 나지 않았다. 자신감, 자존감도 바닥

난 거울 속 내 모습은 처참했다.

난임 치료에서 제일 힘든 게 바로 마음을 내려놓는 일이다. 겪어본 사람만 아는 쉽지 않은 마음 내려놓기. 감히 얘기하자면 난임을 겪고 있는 그 누군가가 주변에 있다면 절대로 금지해야 할 말이 있다.

"마음을 편하게 먹으면 아이가 곧 생길 거예요. 마음을 좀 내려놓길 바라요" 이 말은 그 어떤 위로도 되지 않는다. 어떤 말도 하지 말고 그냥 두 손을 꼭 잡고 안아주기만 하면 된다. 그러면 된다.

내게 있어 그 당시 나의 마음을 잡아준 건 바로 명상이었다. 지금도 힘든 순간마다 조용한 방에서 음악을 들으며 온전히 나 자신과 만나고 대화를 나눈다. 힘든 내 마음을 진심으로 어루만져주며 위로해준다. 뜨거운 눈물이 흐르고 곧 마음의 평화가 찾아온다. 그러던 어느 날, 갑자기 아랫배가 살살 아파서 병원에 가보니 거짓말처럼 임신이었다.

'우울증으로 미쳐가기 전에 일이나 시작하자.' 생각하던 찰나였다. 그렇게 찾아온 내 소중한 첫 아이. 나의 제2의 인생이 시작되었다. 그리고 결심했다. 세상에서 제일 좋은 엄마, 친구 같은 엄마가 되겠노라고. 물론 그 환상이 깨지기까지는 얼마 걸리지 않았다.

2) 나도 엄마가 처음이라

햇볕이 따사롭고 좋은 5월의 어느 날, 막달의 몸으로 아이를 만날 생각에 설레는 하루하루를 보냈다. 배냇저고리를 뽀송뽀송 빨아서 베란다에 널었다. 분홍 꽃무늬가 그려진 배냇저고리를 보는데 기쁨과 행복이 밀려왔다. 이 작은 배냇저고리만 봐도 좋은데 딸을 만나면 얼마나 행복할까. 살랑살랑 바람도 적당하고 볕도 따사로웠다.

'어서 곧 만나자. 사랑하는 내 딸.'

기다림 끝에 태어난 아이는 정말 예뻤다. 아이는 눈이 동그랗고 예뻐서 어딜 가든 인형 같다는 이야기를 들었다. 그리고 2년 뒤 아들 쌍둥이가 태어나면서 온 집안의 관심과 사랑은 아들들에게로 자연스럽게 이어갔다. 딸은 동생들 신경 쓰느라 바쁜 엄마를 배려하듯 무슨 일이든 알아서 야무지게 해냈다. 학교에서 공부도 제법 잘했고 친구들 사이에서도 인기도 좋았다. 그런 딸이 언제부턴가 나를 보는 눈빛이 건조하고 차가웠다. 내가 하는 모든 말에 딸의 대답은 그저 이유 불문하고 'NO'였다.

사춘기의 서막이 울리다

중학교 어느 날인가. 딸은 갑자기 공부를 하지 않겠다고 가족들 앞에서 대선언을 했다. 이유는 없었다. 그냥 하기 싫어서라고 했다. 모든 학원도 다 그만두겠다고 했다. 그때부터 딸과의 전쟁이 시작되었다. 이게 사춘기 아이의 반항인 건지. 나에 대한 단순한 반감인 건지. 제발 나 좀 봐달라는 신호인 건지. 딸의 마음을 알고 싶어 다가가면 갈수록 더 멀어져갔다. 서로 상처 주는 말로 남보다 못한 사이가 되어갔다. 주변 선배맘들에게 자문을 구하면 돌아오는 말은 하나였다. "시간이 약이다! 그냥 기다려라! 내 자식 아니라고 생각해라."

물론 그것도 틀린 말은 아니었다. 그러나 근본적으로 뭔가 문제가 있었다. 딸의 마음을 알고 싶었다.

'엄마도 엄마가 처음이라... 너의 마음을 모르겠다. 간절하게 알고 싶다.

26

Kamillust & U♡jin Mind

상처받은 네 마음을 알 수 있는 엄마가 되어볼게.'

본격적으로 사춘기와 관련된 모든 책, 그리고 유튜브를 찾아보고 연구하기 시작했다. 그런데 생각보다 사춘기 아이를 다루는 책은 많지 않았다. 북한 김정은보다 무섭다는 자녀의 사춘기, 모든 부모들이 겪을 텐데 관련 자료가 이렇게도 없다니 놀라웠다. 그럴수록 더 아이의 마음을 알기 위해 노력했다. 그러기 위해서는 제일 먼저 아이의 기질과 성향을 알아보는 것이 중요했다.

그렇다면 기질이란 정확히 무엇인가? 기질(temperament)이란 엄마 뱃속에서 태어날 때부터 정해진 것이다. 하늘이 주었으니 평생 잘 변하지 않는다. 성격이란 타고난 기질을 바탕으로 양육환경, 태도, 경험 등을 통해 후천적으로 습득, 형성되는 것이다. 그래서 어떤 양육환경에서 어떤 경험을 하느냐에 따라 성격은 변할 수 있다. 반면 기질은 좋다 나쁘다는 개념이 없다. 다만 기질에 따라 어떤 상황에서 강점이 되는 부분이 있고 반대로 약점이 되는 부분이 있다. 그래서 부모는 내 아이의 기질을 잘 파악해 보고 '강점'은 잘 살려주고 '약점'은 환경과 경험으로 보완해 줄 수 있도록 해주는 것이 중요하다

기질은 학습된 것이 아니고 태어날 때부터 타고난 기품과 성질이다. 즉 심리적 특징인 것이다. 아이들을 양육하는 데 있어 아이들의 성장에 영향을 미치는 요인은 많다. 가정 분위기, 부모의 양육 태도, 아이의 타고난 능력, 친구 관계 등 참으로 무궁무진하다. 그러나 같은 환경과 같은 자극이 주어지더라도 아이의 타고난 기질에 따라 다르게 받아들이고, 이것이 곧 각자 다른 행동으로 나타난다는 것은 연구를 통해 이미 검증된 사실이다.

기질은 그 사람이 가지고 태어난 좋고 나쁨이 아닌 그 자체로 아름다운 재능이다. 자기가 선택한 것이 아니라 하늘이 준 것이다. 아이 기질을 있는 그대로 받아들일 때 비로소 지혜로운 엄마가 된다. 아이와 기질 싸움을 하는 순간 자녀와의 갈등을 걷잡을 수 없게 된다.

무엇보다 아이 기질 공부의 관건은 아이의 타고난 기질을 어떻게 보는가이다. 아이의 기질 중 강점을 잘 활용하고 약한 부분은 잘 다루도록 해주는 일. 그래서 건강한 성격으로 아이의 기질이 잘 발현되도록 도와주는 게 바로 부모의 역할인 것이다. 예민한 기질을 가진 아이가 자신의 예민함을 창의성이라는 에너지로 활용하며 잘 살 수도 있지만, 자신의 예민한 성격을 스스로 유난스럽다고 생각해서 있는 그대로의 모습을 감추고 살 수도 있다는 것이다. 이처럼 아이의 삶의 방향과 결과는 당연히 달라질 수 있다.

세심하게 신경 써주는 엄마의 양육 방식이 어떤 아이에게는 편안하게 느껴지는 반면 어떤 아이에게는 자신의 자율성이 침해받는 답답한 올가미처럼 느껴질 수 있다. 이처럼 타고난 기질은 아이의 현재 모습과 성격, 세상을 바라보는 모든 영역에 영향을 준다.

자녀와의 갈등으로 힘든 분이 많을 것이다. 지혜롭게 아이의 사춘기를 이겨내고 더 나아가 아이의 학습 역량까지 최대로 발휘하기를 바랄 것이다. 돈을 많이 벌고 명예를 얻어도 아이와의 관계가 좋지 않다면 행복하지 않다. 부모라면 모두 공감한다. 그러나 방법을 몰라 애태우다 시간만 속절없이 흐른다.

"하나님, 제게 아들이든 딸이든 하나만 주신다면
정말 잘 키워보겠습니다."

뉴스에서 아동학대, 신생아 유기사건 등을 보면 속에서 분노가 솟아났다. '저기 말고 나처럼 간절한 사람에게 오면 얼마나 좋을까. 그 누구보다 잘 키울 텐데' 생각했다. 하늘 보며 원망도 많이 했다. 길지는 않았지만 나름 난임의 고통을 보내고 맞이한 첫째와 그리고 쌍둥이들은 내게 축복이었다. 그리고 누구보다 잘 키울 자신도 있었다.

그러나 이는 아이가 사춘기가 되기 전까지 나의 자만이었다. 사춘기는 상상을 초월하는 이변의 이벤트였다. 자식을 사랑하는 마음만으로는 대처가 힘들었다. 나도 엄마가 처음이라 어찌할바를 몰랐다. 『처음부터 엄마는 아니었어』 장수연 저자는 말한다.

"태어날 때부터 엄마로 태어난 엄마는 없어요. 정도에 차이가 있을 뿐 모든 엄마는 처음엔 미숙해요. 엄마를 연습할 시간이 없었잖아요. 아이를 기르는 게 물건을 만드는 것과 같다면 두 번째, 세 번째 반복할수록 숙련공이 되겠지만 부모도 '이 아이'는 처음이니까요. '둘째 딸', '셋째 아들'도 처음 길러보는 거라서 늘 잘 몰라요."

저자 역시 평소 야무지다는 얘기를 많이 들었지만, 사춘기 아이를 키우는 일에서는 말 그대로 허점 투성이였다. 내 성향과 기분대로 아이를 끌고 가려고만 했다. 사춘기에 대해서 책도 많이 읽고 강의도 따라다니면서 공부했지만 머리와 가슴은 따로 놀았다. 머리로는 알지만 현실은 마녀의 얼굴을 하고 아이에게 독설을 쏟아내고 있었다. 그리고 시간이 지나 후회하기를 반복했다.

이제는 나를 알고 아이들의 성향과 기질을 알게 되었다. 아이들의 행동이 이해가 되고 갈등을 대처하는 능력도 생겼다. 물론 아직도 완벽하지는 않다. 순간순간 욱하고 올라오는 감정을 주체 못 해 쏘아붙일 때도 있지만 그 횟수가 현저히 줄었다. 갈등도 오래가지 않았다.

저자는 대한민국 보통 엄마이다. '완벽한 엄마'는 될 수도 없고 되고 싶은 마음도 없다. 워킹맘으로 아이들을 잘 챙겨주지 못해 미안할 때도 있다. 그러나 지금은 아이들을 있는 그대로 인정하고 지지해주므로 미안함보다 기쁨이 더 커졌다. 아이들 각자의 심리 욕구를 알아주고 심리 재능을 지지해주면 나의 일은 끝이다. 너무 보채지 않고 기다리며 응원해주면 된다. '사춘기 지랄발광'이 끝나기를 기다리는 일이 힘들었지만 버틸 수 있었다. 엄마니까 그 정도는 할 수 있었다.

3) 나는 기질 & 학습 전문가

"유진아. 엄마 일기 쓰는 것 좀 알려줄래?"

"일기? 왜요?"

"그냥 써 보고 싶어서. 한글 공부도 되고 하루 일을 기록해두면 좋을 것 같아서."

저자의 부모님은 시골에서 농사를 짓는 평범한 노부부였다. 연세가 많다 보니 그 시절 초등학교 문턱도 가지 못 하셨지만 공부를 게을리 하지 않으셨다.

하루는 내게 일기 쓰는 법을 알려 달라 하시더니 한 글자 한 글자 써

내려가며 소녀처럼 수줍게 웃으셨다. 농사짓고 피곤하실 텐데 배우고자 하는 열정이 뜨거웠다. 두 분은 농사일을 나가기 전 항상 성서 구절을 읽고 기도를 하고 밭으로 가셨다. 저자는 새벽마다 두 분의 기도 소리를 자장가처럼 듣고 자랐다. 평화롭고 따뜻했다.

"엄마, 피곤한데 왜 이렇게 한글 공부랑 기도를 열심히 해요?"

"당연히 내 새끼들을 위해서지. 너도 엄마가 되어보면 안단다. 부모가 자식을 위해 기도할 때 얼마나 행복한지."

자식 머리맡에서 성서를 읽고 자식을 위해 기도할 때 가장 행복하다고 하셨다. 당신들의 기도 소리가 자식들 마음에도 닿기를 바랐다. 그래서 일부러 자식들 머리맡에서 그렇게 하셨다고 한다. 철없던 시절에는 단잠을 깨우는 그 소리가 싫어서 짜증도 냈었다.

내가 부모가 되고 보니 이제야 알 것 같다. 엄마가 피곤함을 무릅쓰고 왜 그리도 한글 공부를 했는지. 공부란 끝이 없다. 특히 아이와 갈등이 벼랑 끝까지 치닫게 되면서 이 갈등을 해결해 줄 무언가를 찾지 않으면 안 되었다. 그 옛날 엄마가 자식을 위해 성서 구절을 읽어주기 위해 한글을 배운 것처럼 저자도 공부해야 했다. 도서관, 서점에서 사춘기 육아 관련 책을 쌓아놓고 하루 종일 읽었다. 그리고 드디어 방법을 알게 되었다.

하나의 씨앗이 꽃을 피우기까지는 각기 다른 햇살과 수분, 온도를 필요로 한다. 우리 아이가 가진 기질이라는 씨앗의 속성을 얼마나 잘 알고 그에 맞게 적절하게 양육 받았느냐에 따라 아이들의 성장 속도와 방향이 달라진다. 이 세상의 모든 아이는 각자의 기질에서 아주 독특하고 유능한 강점을 발견할 수 있다. 그러나 그냥 얻어지는 일은 없다. 공부해야 한다. 세상에서 가장 멋진 부모는 돈을 많이 버는 부모도, 명예가 높은 부모도 아니다. 자녀의 기질을 공부하고 기질적 강점은 더 멋있게 살릴 수 있도록 격려해주는 부모. 기질적 약함은 다듬어주면서 세상 밖으로 멋지게 날 수 있도록 해주는 부모가 진짜 멋진 부모다.

4) 엄마인 나는 누구인가?

요즘 MBTI(성격검사), 애니어그램(기질검사), 지문적성검사 등을 통해 아이의 성향을 알고 싶은 엄마들이 많다. 당연하다. 우렁차게 세상에 나온 또 하나의 작은 나, 작은 우주가 내 아이 아니겠는가. 그러나 정작 엄마인 나의 기질에는 무관심하다. 저자가 그간 많은 학부모 코칭을 하다 보니 공통적인 점이 있다. 나의 겉모습인 현상(Phenomenon)만 보고 나를 판단해 버리는 것이다.

현상이란 심리학적 용어로 우리가 직접 관찰하거나 경험할 수 있는 외부적인 모습이나 특징을 말한다. 이는 사람들의 행동이나 행위를 일상적으로 관찰하여 볼 수 있는 것들이다. 예를 들어 누군가가 웃는 것, 다른 사람들과 대화하는 것 등은 사람의 행동으로 나타나는 현상이다. 이렇게 내가 나를 잘 알 거라는 착각에 빠진다. 그러나 정식 검사를 해 보면 생각지 못한 나의 기질에 깜짝 놀란다. 내가 했던 행동들의 본질을 깨닫게 되는 것이다.

본질(Essence)이란 그 행동의 근본적인 원인이나 내면적인 이유를 말한다. 누군가가 웃는 행동의 본질은 기쁨이나 유머에 대한 긍정적인 감정일 수 있고, 다른 사람과 대화하는 행동의 본질은 소통과 사회적 상호작용에 대한 욕구일 수 있다. 우리가 하는 행동의 현상과 본질을 이해하는 것은 우리가 다른 사람들과의 상호작용과 감정, 생각에 대해 더 깊이 이해하는 데 도움을 준다. 특히 나 자신을 제대로 몰랐다는 자책감에 우는 부모도 많다. 나를 먼저 알아야 자녀의 기질 또한 이해할 수 있다. 그리고 나와 자녀와의 소통 프로파일을 통해 둘의 관계에 대해서 분석하고 노력하면 관계는 좋아진다.

부모가 자신의 기질을 알고 이해하는 경우, 자녀의 성격이나 행동에 대해 더욱 적절하게 대응할 수 있다. 각자의 성향과 기질을 존중하면서 서로의 강점을 살리고 부족한 점을 보완하려고 노력하기 때문이다.

그렇다면 부모가 자신의 기질을 모르는 경우는 어떨까? 자녀의 행동에 대해 이해하지 못 하고 부정적으로 반응하며 자녀와 갈등이 생긴다. 아이가 똑같은 행동을 하더라도 엄마의 기질 유형에 따라 반응은 달라진다. 반응이 다를 때 그 이유를 아는 것과 모르는 것은 천지 차이이다. 당연히 부모와 자녀 간의 대화가 어려워진다. 부정적인 반응이 자녀의 자아 발달에 영향을 미칠 수 있으며, 자녀가 부모와의 관계에서 불안감을 느끼게 된다. 따라서 부모가 자신의 기질을 이해하고 이를 바탕으로 자녀를 대하는 것이 가족 간의 건강한 관계를 유지하고 자녀의 성장을 지원하는 데 중요하다.

"너무 소심한 아들이 한심하고 답답해요. 어쩌죠?"

미영씨는 중3살 아들을 둔 엄마다. 미영씨는 외향적이고 쾌활하며 사람들과 소통하고자 하는 욕구가 강하다. 그러나 아들은 정적이고 집에서 조용히 혼자 노는 걸 선호했다. 도전적이고 행동파인 엄마에게 아들의 이런 모습은 답답하기 그지없었다. 기질이 다르다 보니 사사건건 부딪치는 일이 많았다. 그동안 누적된 갈등은 아들이 사춘기가 되면서 폭발하기 시작했다. 그러나 저자와의 코칭을 통해 서로를 이해하게 되었다. 아들이 조용한 분위기를 선호한다는 점을 고려해 조용하고 한적한 곳으로 데려가 산책하는 센스도 생겼다. 아들도 엄마의 기질을 알고 서로의 다른 점이 있음을 인정하며 마음이 편해졌다. 사춘기는 그동안 갈등의 분화가 터진 것뿐이었다. 본질적 문제로 접근하니 갈등은 사라졌다.

"우리 막내 말도 참 잘하네. 나중에 아나운서 해도 되겠다."

저자는 어렸을 때 말하는 것을 참 좋아했다. 농사일을 끝내고 파김치가 되어 들어오시는 부모님 앞에서 끝도 없이 재잘거렸다. 말할 상대가 없으면 혼잣말도 많이 했으니 누가 보면 미쳤다고 할 만했다.

그러던 어느 날 큰오빠가 저자를 가만히 보더니 말을 잘한다며 칭찬해주었다. 어디가든 말 많다고 타박 받던 나였는데, 그걸로 칭찬을 들으니 하늘을 날 것 같았다. 약점으로 보이는 나의 재능을 강점으로 바라봐주는 한 사람으로 인해 삶이 달라졌다.

사람의 기질은 동전의 양면과 같다. 상황을 내가 어떻게 받아들이느냐에 따라 강점이 될 수도 약점이 될 수도 있다. 약점이 오히려 그 사람의 강점과 잠재력이 될 수 있다는 것이다. 아이의 기질을 제대로 이해하지 못하면 아이의 행동은 약점으로만 보인다. 당연히 관계는 나빠지고 인정받지 못한 아이는 외롭다. 부모와 사이가 멀어지고 나쁜 생각까지 하게 되는 건 당연하다.

나도 미처 몰랐던 내 아이의 기질과 잠재력을 알고 싶지 않은가! 그렇다면 엄마인 나의 기질부터 살펴보자. 부모인 나조차 내가 진짜 원하는 것이 무엇인지 모르는 경우가 많다. 왜 나는 직장에서의 모습과 가정에서의 모습이 다를까? 남편과 아이들은 왜 나를 몰라줄까? 이런 질문으로 삶이 힘든가? 괜찮다. 나의 기질을 알고 나면 모든 것이 말끔하게 해결되고 서로를 이해하게 된다. 평생교육 시대이다. 무작정 열심히 하는 자기 계발이 아닌, 나의 기질과 맞는 학습 방법을 찾아보자. 훨씬 시너지가 올라간다. 아래 질문들에 시원한 답을 얻고 싶다면 더욱 그러하다.

왜 내가 그런 행동들을 해왔을까?

왜 내 배우자를 이해하지 못 할까?

왜 배우자를 보면 화가 날까?

왜 내 아이가 내 맘처럼 되지 않을까?

왜 나는 행복하지 않을까?

왜 나는 자존감이 바닥일까?

5) 엄마의 상처받은 내면 아이를 안아주세요

"선생님, 어린 시절 상처로 죽고 싶었어요. 나를 성추행한 새아버지도 죽이고 나도 죽으면 될까요? 나의 내면 아이는 어떻게 위로해 주나요?"

인생은 때로는 뜻하지 않게 우리에게 상처를 준다. 그중에서도 가장 아픈 것은 내면에서 나오는 상처일지도 모른다. 어린 시절의 기억과 감정이 깊숙한 곳에 간직되어 있기 때문에 더욱 다루기 어렵다. 가정이나 학교에서 받는 상처, 친구들과의 갈등, 겪지 말아야 할 고통 등으로 내면 아이는 아프다.

미연 씨의 불행은 초등학교 6학년 때 엄마의 재혼에서부터 시작됐다. 새아버지는 툭하면 술주정과 폭력을 일삼았다. 심지어 엄마가 안 계실 때는 성추행도 몇 차례 있었다며 소리죽여 울었다.

내면 아이를 안아줄 때에는 조용한 공간이 필요하다. 말로 설명할 수 없는 아픔들이기 때문이다. 그리고 아팠음을 인정하는 시간도 필요하다. 아팠던 나를 꼭 안아주자. 조용히 명상을 해도 좋다. 내면의 상처가 너무 깊거나 오래 지속된 경우, 가까운 상담가나 심리치료 전문가와 상담하여 도움을 받는 것이 좋다.

저자와의 몇 차례 상담을 통해 미연씨는 서서히 상처를 치유할 수 있었다. 그녀는 이제 자신을 더욱 사랑하고 이해하며, 자신의 내면의 아름다움을 더욱 많이 발견하게 되었다. 치유하지 못 한 상처로 아이들에게도 따뜻하지 못했던 그녀는 이제 미소를 가진 엄마가 되었다.

48살의 주미 씨 또한 상처받은 내면 아이로 힘들었다. 중3, 고1 자녀의 엄마로 사춘기 아이들 때문에 힘들다며 방문했다. 그러나 정작 사춘기 아이들이 아닌 자신의 내면 아이로 힘들다는 사실을 알고 한참을 울었다. 어린 시절 그녀는 가족들과의 갈등과 불화로 인해 상처를 많이 받았다. 불안과 외로움에 물들어 있었고, 자신을 사랑하는 법을 배울 수 없었다. 사랑받지 못 했으니 사춘기 아이들이 조금만 반항해도 그녀의 자존감은 바닥에 떨어졌다. 인생을 다 산 것처럼 허무했다. 죽고 싶었다고 한다.

그녀가 저자를 만나고 용기를 내어 자신의 어린 시절을 돌아보았다. 쉽지 않았다. 그녀는 그때의 자신을 이해하고 받아들이며, 어릴 적의 상처들이 그녀를 지금의 모습으로 이끌었다는 것을 깨달았다. 그녀는 자신을 사랑하고 치유하기 위해 노력했다.

그녀는 작은 방 안에 있는 어릴 적 썼던 일기들을 꺼내서 읽어보기 시작했다. 감정과 갈등이 섞인 그리움과 아픔이 문자 속에 녹아 있었다. 자신의 내면을 표현하는 작은 공간에서 마음을 풀고 눈물을 흘리면서 그때의 자신을 이해하게 되었다.

한쪽 눈으로는 눈물을 닦으며, 다른 한쪽 눈으로는 눈앞에 펼쳐진 현재와 미래의 자신과 대화를 시작했다. 미래의 자신이 지금의 자신을 어떻게 이해하고 사랑해주는지 상상했다. 치유와 발전을 위해 자신을 돌보는 시간을 가졌다. 명상과 건강한 식단과 충분한 휴식, 운동을 통해 자신을 진심으로 보듬어주었다. 이를 통해 그녀는 더욱 강한 자아를 갖추게 되고, 자신감도 생기기 시작했다.

그리고 마침내 작은 정원 안에 아름다운 꽃들이 피어나듯, 미소를 지으며 아이들에게 나아갔다. 스스로를 보듬어 치유하고, 강점과 능력을 발견했다. 엄마가 생기가 도니 가정의 분위기가 화기애애해졌다. 사춘기 아이들도 엄마의 변화에 놀라며 응원해주었다.

사춘기 때 격렬하게 반항하는 아이들은 자기 힘듦을 알아달라고 몸부림치는 것이다. 자신을 망치면서 부모에게 복수하려고 한다는 것을 모른 채 자꾸만 나락으로 빠져든다. 그리고 이 상처는 제대로 치유되지 않고 채워지지 않은 채 어른이 된 후 대물림된다. 당신은 어떠했는가? 나의 과거로 돌아가서 상처받은 어린아이를 만나보자. 아직도 내 내면에 상처받은 내면 아이가 있다면 내가 부모님에게서 받고 싶었던 것이 무엇이었는지 생각해보자.

그것을 내 아이에게 주었는지? 부모님께 물려받은 잘못된 신념으로 인해 아이를 잡지는 않았는가? 아이가 열심히 해도 나중에 더 완벽하게 잘하면 칭찬해준다며 인정에 야박하지 않았는가? 아이의 욕구는 무시하고 내 말만을 듣기를 강요하지는 않았는가? 아이의 이야기나 감정을 받아주기는커녕 내 삶에 지쳐서 아이에게 모든 것을 혼자 감당하게 하지는 않았는지. 나를 돌아보는 시간을 가져보자. 거기부터 시작하면 된다. 몰라서 그런 거라면 괜찮다. 나 또한 사랑을 받아보지 못 해 그런 것이니 아이에게 솔직하게 미안하다고 사과하면 된다. 나를 꼭 안아주자. 그리고 남루해진 나를 토닥토닥 위로해 주자. "얼마나 힘들고 괴로웠니? 괜찮아. 네 잘못이 아니야. 잘 될 거야. 잘 하고 있어."

6) 이 또한 잘 지나가리라

청소년기는 자신의 정체성과 가치를 찾는 시기이다. 그들은 독립적이고 자율적인 존재로서 인식하려 하며, 부모와의 갈등이 빈번해진다. 사춘기의 바람은 거칠고, 감정의 파도는 널뛰기한다. 하루에도 몇 번씩 자녀의 뒤통수를 갈기고 싶은 걸 꾹 참는다.

아이가 사춘기로 접어들면, 그것은 가족에게 새로운 도전과 함께 어려움의 시기가 찾아오는 순간이기도 한다. 이제까지 익숙했던 아이의 모습이 변화하면서, 그들은 스스로를 찾아가고 자아를 탐색하기 시작한다. 하지만 이 과정은 종종 나의 이해와 감정을 넘어선 것처럼 느껴진다. 솔직히 가끔은 때려주고 싶다. 자식이 아니라 괴물인 것 같다.

매일 아침, 아이는 방안에서 자신만의 세계에 빠져든 듯한 매서운 눈빛으로 엄마를 당황하게 한다. 대화도 쉽지 않다. 엄마 말을 듣지 않는 것은 기본이고 사소한 것들에도 화를 낸다. 내가 전해주고자 하는 사랑과 관심을 곡해하는 것 같아 속상하다. 아이와의 대화는 더욱 어려워지고, 가까워지고 싶은 마음만큼 먼 거리처럼 느껴진다. 그러나 그 힘든 순간도 지나보니 다 필요한 과정이었음을 알게 되었다. 아이가 성장하기 위한 성장통이었던 것이다. 세 아이를 지켜보고 되돌아보니 사춘기란 녀석이 밉지만은 않다. 어른이 되기 위해 발버둥치고 세상과의 교감에 도전하는 것이었음을 알았다. 사춘기의 바람이 거칠기도 하지만, 그것이 우리를 더 가깝게 만들어 주기도 한다. 그 어려움을 그의 성장과 함께하는 모든 순간들이 감사하다. 시간은 빠르게 지나간다. 내 새끼는 성장하고, 내일은 더 높이 날아오를 것이다.

그러나 중요한 사실이 있다. 이 시기를 잘 지내지 못하면 아이와 갈등은 더욱 깊어질 수 있다. 주위에 보면 사춘기에 갈등을 해결하지 못해 쌓이고 쌓여서 결혼식에도 아이를 낳아도 부모 자녀 간에 왕래하지 않는 슬픈 경우가 많다.

그래서 중요한 것은 사춘기가 잘 지나가도록 하는 것이다. 우리가 사춘기를 지날 때 부모들이 했던 것처럼, 무슨 일이 있어도 지지와 사랑으로 믿어주면 된다. 그러면 된다. '그 시기가 언제인가요? 너무 먼 얘기 같아요.' 하겠지만 곧 온다. 사춘기를 잘 이겨낸 가정은 더욱 큰 사랑으로 끈끈해진다.

지금 사춘기 육아로 힘든 우리네 보통 엄마에게 꼭 소개해주고 싶은 시가 있다. 도종환 시인의 「흔들리며 피는 꽃」이다. 저자도 사춘기 육아로 힘들 때마다 항상 중얼중얼 되뇌며 힘을 받았다.

흔들리지 않고 피는 꽃이 어디 있으랴
이 세상 그 어떤 아름다운 꽃들도 다 흔들리면서 피었나니
흔들리면서 줄기를 곧게 세웠나니
흔들리지 않고 가는 사랑이 어디 있으랴
젖지 않고 피는 꽃이 어디 있으랴
이 세상 그 어떤 빛나는 꽃들도 다 젖으며 젖으며 피었나니
바람과 비에 젖으며 꽃잎 따뜻하게 피웠나니
젖지 않고 가는 삶이 어디 있으랴

흔들리며 꽃을 피워내는 우리 아이들이다. 아이들이 성장통을 겪는 것처럼 부모들도 성장통을 겪는다. 꽃을 피워내도록 조력자 역할을 하는 우리 엄마들의 삶도 치열하다. 바람과 비에 흔들리고 단단한 뿌리를 내리려 노력한다. 피할 수 없다면 즐기자. 그게 바람이라면 리듬을 타며 같이 흔들려보자. 그 바람을 피하려 하지 말고 나의 기질 대로 나답게 흔들려보는 것이다. 항상 온화하고 맑은 날만 지속될 수는 없다. 온실 속에서만 자란 꽃은 약하고 작을 수밖에 없다. 그러나 비를 맞고 바람을 즐긴 꽃들은 더욱 강한 생명력이 빛난다.

지금 당장 사춘기 아이를 다루기 어려워 태풍 같은 바람에 휘청이고 있는가. 그 태풍도 마음먹기 달렸다. 내가 견딜 수 없는 태풍이라고 생각하면 지쳐 쓰러지지만 살랑살랑 봄바람이라고 생각하면 견딜 만하다. 그렇게 보통 엄마는 아이들과 같이 성장한다. 그리고 아이들이 다 크고 훗날 오늘의 이 시간을 웃으며 얘기할 날이 온다. 반드시 온다.

2. 내 아이는 누구인가?

1) 본질에 충실 : 기질 존중

기질은 수태 시 하늘이 준 선물이다. 저절로 그리된 것이다. 하늘이 준 선물이니 죽을 때까지 변하지 않는다. 물론 살면서 환경의 영향으로 기질의 강도가 바뀌는 것이지 다른 성향의 기질로 바뀌지는 않는다.

'적극적이다, 소극적이다, 고집이 세다, 온순하다, 빠르다' 등등이 기질을 나타내는 표현이다. 기질에는 좋고 나쁨이 없다.

우리 아이가 너무 느리고 게을러 보여서 걱정인가? 우리는 보통 빠른 기질을 부지런하다고 보고 느린 기질을 게으르다고 본다. 우리 아이가 느려서 게을러 보이고 그래서 성공하지 못할까 봐 조바심 내는 건 부모의 고민일 뿐이다. 이 아이는 조금 느려도 편안하게 살 수 있는 사람이다. 몸과 마음이 편하면 행복이라고 생각한다. 그래서 별 노력 없이도 인생을 편하게 살 수 있다. 주위를 보면 바둥거리며 발 빠르게 움직이는데 살림살이가 나아지기는커녕 계속 다람쥐 쳇바퀴 돌 듯 힘든 사람이 있다. 또한 느리지만 나름의 성공 포인트를 찾고 여유 있게 사는 사람도 많다.

인생에서 제일 중요한 것은 행복하게 살아남는 것이다. 즉 내가 갖는 기질은 내가 가지고 태어나서 가장 잘 맞게 활용할 '생존기술'인 것이다. 우리 아이가 너무 내성적이어서 걱정인가? 걱정할 필요 없다. 생존 방식이 다 다르다. 힘 센 호랑이는 겉으로 보기는 멋있지만 멸종 위기에 있다. 소심해 보이고 연약한 토끼는 아직도 우리 주위에서 많이 보인다. 엄마는 아이의 기질을 있는 그대로 받아주면 된다. 토끼로 태어난 아들을 호랑이로 바꿀 수 없고 호랑이로 태어난 딸을 순한 토끼로 바꿀 수도 없다.

느리고 소심한 아들의 생존기술은 투쟁과 도전이 아니라 안정과 안전인데 엄마는 자꾸만 나가서 싸우라고 하면 아이는 쓰러질 수밖에 없다. 아이 기질을 있는 그대로 받아주는 것이 무엇보다 중요하다. 다시 말하지만, 인생에서 제일 중요한 것은 행복하게 살아남는 것이다.

자녀의 타고난 심리적 기질을 변화시키는 것은 거의 불가능에 가깝다. 자녀의 선천적 기질을 모르고 또한 인정하지 않고 부모의 권한으로 그것을 변화시키려고 하면 자녀와의 관계에 갈등이 생기기 시작한다. **내 아이**

가 불량품으로 보이는가? 그러면 아이가 아닌 엄마의 눈을 고쳐야 한다. 아이는 잘못이 없다. 본인의 기질 대로 잘살고 있는 것이다. 아이가 아니라 엄마의 눈과 마음이 고장이 난 것이다. 나의 불안과 욕심을 수리해주자. 아이를 있는 그대로 믿어주고 지지해주면 된다. 자녀의 타고난 심리 재능을 파악하고 파악된 재능의 방향으로 양육할 때 비로소 지혜로운 부모가 되는 것이다.

우리 아이가 행복하지 못한 이유는 부모에게 인정받지 못 해서이다. 열 달 품어 낳은 자식이니 내가 제일 자녀를 잘 알거라고 생각하는가? 천만에! 오늘 하루 자녀와의 관계로 힘든 하루를 보냈다면 생각을 해보자. 자녀가 내 뜻대로 되지 않아서 속상하고 화가 나는가? **당신의 자녀는 당신 뜻대로 되지 않는 게 아니라 당신과 '기질 코드'가 다른 것이다.** 아이가 좋아하고 잘하고, 아이가 쉴 수 있는 기질 코드는 부모와는 다르기 때문이다. 의사가 진단을 먼저 하고 처방전을 내리는 것처럼 우리 아이 적성과 재능을 알고 나서 아이의 교육을 시작해야 한다. 환경적 경험, 후천적 성격 이전의 타고남을 아는 것이 삶에서 굉장히 중요하다.

"얘들아. 집에서만 있지 말고 나가서 좀 놀면 어때? 태권도를 배워볼까? 합기도는 어때?"

저자의 쌍둥이 아들들은 모두 감성형(sensitive)이다. 어려서부터 친구랑 놀기보다 집에서 조용히 건담 만들기만 좋아했던 아이들. 소위 소심한 아이로 보였다. 이 아이들이 나중에 사회생활은 잘할 수 있을까? 군대는 잘 다녀올 수 있을까? 걱정은 잔소리가 되어 아이들을 힘들게 했다. 그러나 아이들 기질검사를 하고 프로파일을 보면서 아이들이 갖는 기질이 얼마나 보석 같은 것인지 알게 되었다. 배려와 통찰이 뛰어난, 속이 깊은 아이들이었다.

새벽까지 글 쓰느라 아침 등교 시간인데도 비몽사몽 침대에서 못 일어날 때가 있었다. 두 아이는 엄마가 깰까 봐 조용조용 밥을 챙겨 먹고 학교에 갔다. 할아버지께는 "사랑해요 할아버지. 할머니께도 사랑한다고 전해주세요."라고 말한다. 아침마다 따뜻하게 안아주고 볼에 뽀뽀해주는 고1 남자애들이 흔하지는 않다.

그동안 저자는 집에서도 이성적이고 객관적인 나의 성향을 바탕으로 아이들을 대했다. 당연히 아이들이 갖는 기질적 따뜻함을 인지하지 못했다. 프로파일을 보고 난 후에야 아이들을 있는 그대로 인정, 수용하게 되었고 비로소 마음의 평화가 찾아왔다. 약점처럼 보였던 아이들의 기질이 얼마나 아름다운 강점이었는지 알게 되었다. 이제는 한숨 대신 흐뭇한 미소로 아이들을 바라볼 수 있다.

기질은 잘 발현되면 내 인생에서 좋은 영향을 미치는 것이고 나쁘게 발현되면 인생에서 그만큼 나를 힘들게 하는 것도 없다. 기질에는 양면이 존재한다. **어떤 이가 성급해 보이는 것은 추진력이 강하기 때문이며 어떤 이가 산만해 보이는 것은 호기심이 많기 때문이다. 또 어떤 이가 굼떠 보이는 것은 신중하기 때문이며 어떤 이가 예민해 보이는 것은 배려심이 깊기 때문이다.** 추진력이 강한 것은 좋고 성급해 보이는 것은 나쁜 것일까? 그렇지 않다. 내 자녀의 기질과 다른 방향으로 이끌면 재능은 숨어버리고 불행한 코드만 안고 평생을 살게 된다. 아이의 타고난 심리 기질은 그 자체로 재능이다. 이제 부모로서 해야 할 일이 명확해지고 아이는 행복해진다.

2) 아프니까 사춘기다 〈지랄발광 사춘기〉

아프니까 사춘기다

아프니까 사춘기다,
네 안의 작은 흔들리는 감정들이 휘몰아치는 시기

아프니까 사춘기다,
낯선 세계 속에서 불안과 겁이 너를 감싸기도 해

아프니까 사춘기다,
불확실한 세계에서 하나둘 쌓이는 순간들이 더 큰 너를 깨우치게 할 테니

아프니까 사춘기다,
네게 주어진 선물, 내 자신을 더 사랑하며 세상을 더 크게 펼칠 시기

하지만 엄마는 두렵지 않아.
네 안의 작은 용기가 더 크게 자라날 것이라 믿으니까.

- 김유진 -

사춘기 자녀를 둔 부모의 푸념은 끝이 없다.
"아이가 방에 틀어박혀서 나오지를 않아요. 말수도 거의 없어지고 무

슨 생각을 하고 있는지 모르겠어요."

"아이가 내 얘기에 매번 말대답을 하고 반항을 해요. 너무 황당하고 속 상해요."

"나하고 성향이 너무 안 맞아서 사사건건 부딪치고 갈등이 생겨요."

저자도 사춘기를 지내왔고 누구나 겪는 사춘기이지만 내 아이가 겪는 사춘기는 더 특별하고 힘들게 느껴진다. 아이가 사춘기가 시작되면 모든 상황이 말 그대로 급변하기 시작한다. 엄마가 방에 들어오는 것도 절대 금지, 아빠의 스킨십도 절대 금지다. 걱정되어 한마디 하면 두 배의 반항으로 되돌아온다. 한 번은 아이가 짜증난다며 침대에서 나를 밀어버렸다. 허리가 아픈 건 둘째치고 서러움이 쉽게 가시지 않았다.

어느날 중학교 친구가 책 내용을 물어봤다. 사춘기라는 말에 첫마디가 '그때는 내 새끼지만 패 죽이고 싶지!' 말한다. 둘이서 한참을 추억 얘기하며 배꼽 잡고 웃었다. 나의 사춘기 그리고 내 아이의 사춘기 얘기로 시간 가는 줄 몰랐다.

질풍노도의 시기, 사춘기의 반항이 시작되는 중학교 시절이었다. 친구의 사춘기는 특히 더 지독했다. 가부장적인 아버지에 대한 반항의 결과로 수시로 아버지에게 매를 맞으며 쫓겨났다. 저자의 집 뿐만 아니라 다른 친구들 집에도 전전하며 힘들고 외로운 사춘기 시절을 보냈다. 그때 아버지가 조금만 더 다정했더라면, '무엇이 그렇게 마음에 안 드니?' 라고 한 번만 물어봐 줬더라면 얼마나 좋았을까? 라며 서러움에 통곡하는 일이 많았다.

그래서 친구는 자녀가 사춘기가 됐을 때는 최대한 많이 소통하고 기다려줬다고 한다. 죽이고 싶도록 미워도 기다려 주었고 아이들 의견을 존중해 주었다. 이제 다 큰 성인이 되었고 그동안 기다려 준 엄마에게 감사하다는 말도 들었다며 행복해했다. 이번에 그토록 미워했던 아버지를 모시고 제주도 여행을 다녀왔는데 아버지가 미안하다 말했다고 한다. 친구의 외롭고 힘든 시절을 다 지켜봤기 때문에 더 마음이 아팠고 같이 울었다. 어쩌면 친구의 아버님도 아버지가 처음이었기에 잘 몰랐을 것이다. 자녀가 무슨 생각하는지? 어떤 기질을 가진 아이인지? 어떤 심리적 욕구로 반항을 했는지? 알았다면 그렇게 힘든 시간을 갖진 않았을 것이다.

지인 원장님들과 보라카이에 간 적이 있었다. 보라카이 황홀한 밤바다 앞에서 마시던 맥주 맛은 지금도 잊을 수 없다. 나는 당시 한참 사춘기 딸 때문에 힘들어하던 때였다. 나를 위로하며 한 분이 자신의 사춘기 육아 스토리를 풀어놓으셨다. 그분은 아들로 인한 스트레스로 거의 1년 넘게 생리가 안 나올 정도였다고 한다. 얼마나 힘들었을지 짐작이 간다. 집안이 모두 법조계였고 아이도 똑똑했으니 당연히 집안의 기대를 한 몸에 받았다. 그러나 어느 순간부터 아이의 반항은 시작되었다. 학교에서 상위권에 들던 아이는 공부도 싫고 오직 집안에 틀어박혀 그림만 그리기 시작했다. 그리고 어느날 아이는 폭탄선언을 했다고 한다. 법조인이 아닌 만화를 그리는 사람이 되겠노라고.

그 말에 집안은 발칵 뒤집혔다. 집안 어르신들의 따가운 눈초리는 엄마에게 향했다. 내가 하고 싶은 일을 하겠다는 자녀와 이해 못하는 집안 어른들 사이에서 원장님의 스트레스는 극에 달했다. 결국 아이는 자기가 원하는 진로를 선택했고 현재 일본에서 열심히 웹툰 작가를 준비하고 있다.

원장님은 지금은 마음이 너무 편안하다고 했다. 처음부터 자녀의 선택을 믿고 응원해줬으면 어땠을까? 아이가 그림에 집중하고 그 재능을 펼칠 수 있도록 좀 더 지원해주지 못해 미안하다고 했다. 아이 기질에 맞지 않는 길을 어른들의 욕심으로 채우려 했으니 아이의 반항이 심했던 것은 당연했다. 아이의 기질을 좀 더 일찍 알았더라면 얼마나 좋았을까. 서로 미워하고 증오했던 고통의 시간이 서로를 응원하는 행복한 시간이 되었을 수도 있었을 텐데 말이다.

3) 심리학으로 보는 사춘기 특징

발달심리학적 관점에서 보면 사춘기의 기본 정서는 두려움이라고 한다. 부모라는 울타리 안에서 독립하여 세상 밖으로 나가야 하는 시점에서 아이들도 두렵다. 한 번도 가보지 않았고 경험해 보지 않았던 미지의 세계로 들어가야 한다. 예측할 수도 없는 상황에서 아이들은 불안하고 혼란스럽다. 나의 자아(EGO)를 찾아서 나만의 정체성을 갖고 싶지만 아직 홀로 설 수 있을 만큼 자아가 확고한 상태가 아니다. 갑작스런 신체 변화, 불안과 우울, 외로움, 두려움을 아이 홀로 겪어내야 한다.

예일대 교수이자 신경과학자인 BJ 케이시는 사춘기를 문제로 바라보지 말라고 말한다. "사춘기는 제 구실을 다하는 적응기이며 아이들이 그 시기에 해야 할 일을 해내기 위해 반드시 필요한 과정일 뿐이다. 사춘기는 다음 단계로 나아가기 위해 반드시 겪어야 하는 과정이다." 라고 말이다. 서양 속담에도 '사춘기를 사춘기 때 겪지 않으면 언제라도 다시 온다. 죽을 때까지 오지 않으면 관 속에서라도 온다.'라는 말이 있다. 사춘기가 올

시기에 오는 것은 다행으로 여겨야 할 일이다.

인생이란 위기와 갈등이 있기 마련이다. 사춘기는 성장의 다음 단계로 나아가기 위해 반드시 겪어야 하는 피할 수 없는 시기이다. 사춘기의 강을 무사히 건넌 아이들은 한층 더 성숙해지고 내면이 깊어진다.

그럼 어떻게 하면 우리 아이 사춘기 육아를 현명하게 할 수 있을까? 일단, 담담하게 받아들여야 한다. 마치 감기처럼 말이다. 감기가 아무리 독하다 한들 보름이면 회복된다. 우리 아이가 아무리 지랄발광을 하고 괴물이 되었어도 내 아이는 언젠가는 돌아온다. 아이는 세상 밖으로 나가기 위해 지극히 정상적인 성장 가도를 달려가고 있는 중이다. 무엇을 걱정하랴. 오히려 감사해야 할 일이다.

그리고 꼭 필요한 게 있다. 바로 아이 변화와 마음을 알기 위한 공부다. 저자의 고등학교 친구는 사춘기 아들 때문에 힘이 들어 심리 공부를 했다고 한다. 그러면서 아이의 변화, 심리적인 문제들을 이해하게 되었고, 아이의 마음을 어루만져주는 여유도 생기게 되었다고 한다. 고1 아들이 자퇴하겠다고 했을 때 그 충격이 어땠을까. 그러나 심리 공부를 하면서 아이와 진지하게 소통하기 시작했고 부모의 노력에 아이도 신뢰하면서 관계가 굉장히 좋아졌다고 한다.

배움은 끝이 없다고 하지 않던가. 그 무엇보다 아이의 마음을 알기 위한 공부를 해야 한다. 기질에 따라 아이마다 사춘기를 겪는 정도가 제각각이기 때문이다. 어떤 아이는 순하게 사춘기가 지나기는 반면 또 어떤 아이는 말 그대로 난리 부르스를 추면서 사춘기를 보내기도 한다. 또한 나와 자녀의 성향이 달라서 갈등이 생기고 힘든 경우가 많다. 저자는 사춘기 자녀로 힘들었을 때 부모-자녀의 기질과 소통 프로파일 파악, 더 나아가 자녀의 욕구를 파악하는 것만으로도 충분히 관계가 좋아졌다. 매일이 지옥 같았던 마음에 평화가 찾아왔다. 기질이 다르다 보니 자녀를 이해하기 위해서는 시간이 필요했다. 내가 좋고 싫은 게 있듯이 아이들도 그러했다. 예전에는 이해하기 힘들었던 말 '그래, 그럴수도 있겠구나.' 참 힘들었던 이 말이 이제는 자연스럽게 받아들여졌다. **지극히 정상인 사춘기 아이를 보면서 비정상적인 시선으로 바라보며 밤새 홀로 눈물짓던 나는 이제 없다. 온전히 그 자체로 아이들을 이해하고 수용하는 엄마가 되었다.** 오늘도 아이는 여지없이 나와 남편의 모든 스킨십을 거부하고, 방에서 우릴 쫓아내느라 바쁘다. 그러나 이젠 그 모습마저 사랑스럽다.

4) 부모가 꼭 알아야 할 기질 5가지 원칙

1. 아이의 타고난 기질은 쉽게 변하지 않는다.

사람은 태어날 때부터 신체와 정신을 가지고 태어난다. 자기통제, 정서, 행동에 대한 타고난 개인적 특성으로 교육이나 환경, 그리고 자신의 의지가 반영되지 않는 타고난 무의식적 성향을 기질이라고 한다. 한 우화를 예시로 기질을 이해해 보자.

어느 날 물가에 서 있던 전갈이 개구리에게 자신을 업고 강을 건너편으로 데려다 달라고 부탁했다. 그러자 개구리가 물었다.

"네가 나를 독침으로 찌르지 않는다는 걸 어떻게 믿지?"

전갈이 말했다.

"너를 찌르면 나도 익사할 텐데. 내가 왜 그렇게 하겠어?"

전갈의 말이 옳다고 판단한 개구리는 전갈을 등에 업고 강을 건너기 시작했다. 하지만 강 중간쯤에서 전갈이 개구리의 등에 독침을 박았다. 둘 다 물속으로 가라앉는 와중에 개구리가 숨을 몰아쉬며 물었다.

"왜 나를 찔렀지? 너도 죽는다고 했잖아."

전갈이 숨을 몰아쉬며 말했다.

"그것이 내 본능이니까"

프랑스의 시인이며 우화 작가인 장 드 라퐁텐이 쓴 「전갈과 개구리」의 내용이다. 전갈이 가진 기질적 욕구, 본능은 변하지 않는다. 다만 사회형상과 경험형상을 통해 가면을 쓰고 드러내지 않을 뿐이다. 우리 아이도 마찬가지이다. 활발한 아이에게 얌전한 아이로 자라길 바란다면 아이는 어느 순간 폭발하고 만다. 그 시기가 바로 사춘기일 가능성이 크다.

2. 아이 기질은 행동 및 감정 반응에 영향을 미친다.

기질이 서로 다르면 똑같은 사건을 바라보더라도 서로 다르게 느끼고 다르게 생각할 수 있으며 다른 행동으로 나타난다. 까다로운 기질의 아이는 음식의 온도에 민감하거나 부모가 무조건 안아야 잠이 드는 반면 순한 기질의 아이는 가리는 음식 없이 잘 먹고 어디서든 잘 자는 형태가 대표적인 예다.

3. 기질은 좋고 나쁨이 없다.

기질은 절대적으로 좋거나 나쁘다는 이분법으로 볼 수 없다. 각각의 강점과 약점이 있을 뿐이다. 때문에 강점을 바라봐 주고 극대화 시켜주는 반면, 약점은 완화시킬 수 있도록 도와주는 것이 중요하다. 기질은 상황에 따라 강점이 되고 약점이 되기도 한다. 무언가를 할 때 나서지 않고 지켜보다 행하는 아이를 조심성 있고 신중한 아이로 보느냐 아니면 겁 많고 답답한 아이로 보고 있느냐와 같은 시각 차이로 양육 태도와 아이의 성장에 큰 차이를 가져오는 것이다.

4. 기질은 변화를 수반하거나 스트레스가 야기되는 상황에서 두드러지게 나타난다.

우리 아이는 주로 어떨 때 많이 힘들어하는지 몇 가지 에피소드로 생각해 본다면 아이의 기질에 대해 좀 더 쉽게 이해할 수 있다. 새로운 상황을 맞이했을 때 불안이나 긴장이 높은 아이가 있는 반면, 그런 반응 없이 바로 적응하며 달려 나가는 아이가 있기도 하다. 또 어떤 놀이나 과제 수행 시 무언가 잘 되었을 때 끝까지 혼자서 해보려는 아이가 있는 반면, 금방 포기하려고 하거나 누군가 함께 해주지 않으면 금세 그만두는 아이도 있다. 이 외에도 원하는 것을 하지 못할 때 격렬하게 거부하거나 답답함을 느끼는 아이가 있는 반면 울면서 눈치 보거나 자포자기하는 아이들도 있듯이 기질은 다양한 모습으로 나타나고 있는 것이다.

5. 기질에 맞는 사춘기 육아

부모가 아이의 기질을 이해하고 그에 맞는 적합한 양육을 하느냐 하지 않느냐에 따라 성장하는 모습은 다르게 나타난다. 감성형(sensitive) 기질의 아이라도 부모가 자녀의 반응에 참을성 있게 기다려 주고 환경에 대한 자녀의 대처방식을 부드럽게 알려준다면 자녀는 조금씩 외부세계에 자신감을 갖고 반응할 수 있게 된다. 반면 행동형(active)아이라도 부모가 억압적인 양육 태도로 대한다면 자녀는 외부의 작거나 큰 환경에 소심해질 수 있다. 이처럼 타고난 기질이 어떠하든 부모의 양육 태도에 따라 자녀는 이 세상에 잘 적응해 나가기도 하고 혹은 어려움을 겪게 되기도 하는 것이다.

여기서 기질을 고려한 사춘기 육아란 무조건 허용하는 양육을 말하는 것이 아니다. 아이를 독립된 인격체로 존중하고 아이가 보이는 정서 및 행동 특성에 대해 있는 그대로 인정하고 수용하는 태도를 갖는 것이다. 즉, 아이의 기질을 비난하지 않고 기질적 강점은 극대화해주고 기질적으로 부족한 부분은 보완하고 연습해 볼 수 있도록 도와주는 것이다.

5) 사춘기일수록 욕구 채워주기(엄마욕구 말고 아이 욕구)

1. 매슬로(Maslow)의 5가지 욕구 알기

아래는 에이브러햄 매슬로(Abraham Maslow, 1908~1970)의 심리학적 이론에서 제시된 것으로, 인간의 욕구와 동기를 설명하고 계층화한 개념이다. 이를 '매슬로우의 욕구 계층 이론'이라고도 한다. 이론에 따르면 인간의 욕구는 다음과 같이 5단계의 계층으로 나뉜다. 이러한 욕구 계층은 개인의 욕구와 동기를 이해하고 만족시키는 데 도움을 줄 수 있는 중요한 심리학적 개념이다.

생리적 욕구 (Physiological Needs): 최우선적으로 생존을 위해 필요한 욕구로 음식, 물, 숨쉬기, 잠 등이 포함된다.

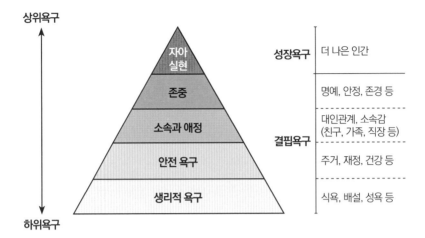

매슬로(Maslow)의 욕구위계이론

안전 및 보안 욕구 (Safety and Security Needs): 개인적 안전과 물질적 안정감을 위한 욕구로 건강, 직업, 주거, 재정적 안정 등이 포함된다.

사회적 욕구 (Social Needs): 사회적으로 소속감을 느끼고 사회 관계를 형성하려는 욕구로 친구, 가족, 사회적 상호작용이 포함된다.

자존감 및 존중 욕구 (Esteem Needs): 자신을 존중받고 자존감을 높이려는 욕구로 자신의 성취, 인정, 사회적 지위 등이 포함된다.

자아 실현 욕구 (Self-Actualization Needs): 개인적인 잠재력을 최대한 발휘하고 성장하려는 욕구로 창의성, 자기계발, 문제 해결 능력 등이 포함된다.

사람은 누구나 욕구가 채워져야 행복감을 느낀다. 아이들이 어릴 적부터 자신의 욕구를 억압하면서 지내다 보면 부모에게 분노가 쌓인다. 사춘기 시기는 '어릴 적에 못했던 것을 하는 시기다.'라는 말도 있다. 어릴 적에는 하고 싶은 것을 부모가 무서워서 못하고 컸다면 사춘기 시절에는 하고 싶은 것을 모두 하려고 한다. 그래서 일탈도 하게 되는 것이고 자신의 요구가 받아들여지지 않으면 막말을 하고 또 물건을 부수면서 부모를 힘들게 한다.

아이가 사춘기가 막 시작되어 자신의 욕구를 표현하고 요구를 하기 시작한다면 지금이라도 그것을 수용해주기 위해 노력해야 한다. 아이의 이야기를 들어주고 만약 요구를 들어줄 수 없는 상황이라면 대안을 제시해서 협상을 해보자. 들어줄 수 있는 요구를 하면 조건을 달지 말고 흔쾌히 들어주는 것도 필요하다. 모든 요구를 다 들어주거나 아이에게 끌려다니라는 얘기가 아니다.

2. 사춘기의 5가지 욕구 채워주기

사춘기에도 인간의 기본적인 욕구는 중요한 역할을 한다. 다만, 사춘기 아이들의 경우 개인적인 성장과 사회적 상호작용 등에 따른 욕구들이 다소 특이한 양상을 보일 수 있다. 사춘기 아이들의 욕구와 동기는 그들의 개인적 성장 단계에 따라 다양하게 나타날 수 있다. 부모, 교사, 성인들은 이러한 욕구를 이해하고 지원함으로써 사춘기 아이들의 건강한 발달을 도울 수 있다.

생리적 욕구: 사춘기 아이들은 빠르게 변화하는 신체와 호르몬으로 인해 신체적인 변화를 경험한다. 이로 인해 식욕과 수면 등의 생리적 욕구도

변할 수 있다. 예를 들어, 사춘기 소년이나 소녀는 자라는 신체와 호르몬 변화로 인해 더 많은 음식과 영양이 필요할 수 있다. 그들은 자신의 신체 변화에 대한 이해와 식사 습관의 조절이 필요하다.

안전 및 보안 욕구: 사춘기 아이들은 자아 정체성을 형성하려는 단계로, 자신의 역할과 위치에 대한 불안을 느낄 수 있다. 이로 인해 직업 선택, 학업 성과, 사회적인 수용 등이 안정과 보안을 얻기 위한 중요한 고민거리가 될 수 있다. 사춘기 아이가 중학교에 진학한다면, 새로운 환경에서의 안정과 친구들과의 관계 등에 대한 불안감을 느낄 수 있다. 그들은 이러한 변화에 적응하고 자신만의 정체성을 찾으려 노력할 것이다.

사회적 욕구: 이 시기에는 동료들과의 관계, 친구들과의 소속감, 사회적 상호작용이 매우 중요해진다. 그들은 사회적으로 인정받고 소속감을 느끼는 것을 중요하게 생각하며, 동시에 그런 관계에서 발생할 수 있는 갈등이나 외로움 등도 경험할 수 있다. 사춘기 아이는 친구들과의 사회적 관계를 중요하게 여긴다. 예를 들어, 친구들과 함께 시간을 보내며 소속감을 느끼고 서로의 관심사를 공유하려고 할 수 있다.

자아실현 욕구: 사춘기 아이들은 자신의 잠재력을 발견하고 개발하려는 욕구를 느낄 수 있다. 관심사의 다양화, 새로운 활동에 도전하려는 욕구가 이에 해당한다. 사춘기 아이는 새로운 활동과 관심사를 탐구하려는 욕구를 가진다. 예를 들어, 음악, 예술, 스포츠 등 다양한 분야에서 자신의 잠재력을 발견하고 개발하려고 할 것이다.

가령 지민이는 중학교 2학년으로 한창 사춘기의 절정을 향하고 있다. 지민이의 상황으로 5가지 욕구를 정리해 보자.

생리적 욕구: 성장기인 지민이는 신체적 변화를 경험하고 있다. 그는 더 많은 에너지를 필요로 하며, 배고픈 순간들이 많아졌다.

안전 및 보안 욕구: 중학교로 옮겨가면서 학교의 환경이 바뀌었다. 처음 만난 친구들과의 관계에 대한 불안을 느낄 수 있다. 지민이는 친구들과 어떻게 어울리고, 자신을 어떻게 표현할지 고민하며 안정된 사회적 위치를 찾으려 노력할 것이다.

사회적 욕구: 지민이는 학교에서 친구들과 함께 시간을 보내는 것을 좋아한다. 그는 친구들과 같이 놀거나 대화하면서 소속감과 사회적 관계를 형성하려고 노력할 것이다.

자아실현 욕구: 지민이는 음악에 관심을 가지고 있다. 그는 기타를 배우고 싶어 하며, 시간을 내어 자신의 재능을 개발하려고 한다. 또한 미술 수업에 참여하여 창의력을 표현하고 싶어 한다.

또한 이 시기에 아이의 욕구를 파악하고 채워주면 아이는 강점을 발휘할 힘이 생긴다.

사춘기에는 아이들이 자신만의 성격과 기질을 지니고 독자적인 세계를 형성한다. 이때, 기질적 욕구가 충족되면 아이들은 강점을 발휘하고 빛나는 모습으로 성장할 수 있다.

이처럼 아이들의 나답게 빛나는 모습을 발견하고 지지하여 그들이 성장할 수 있도록 도와주어야 한다. 아이의 반항이라는 표현에 갇히지 않고, 아이들의 욕구를 채워주고 기질적 강점을 찾는 것이 중요하다.

중2 민수는 사춘기가 시작되면서 엄마와의 갈등이 극에 달하고 있었다. 엄마의 지긋지긋한 공부 타령에 아이는 지쳐갔다. 책을 읽어도 엄마는 무조건 시험에 나오는 책만 읽으라고 할 정도였다.

여러 가지 검사를 통해 아이는 자연과학에 대한 흥미와 욕구가 강함을 알게 되었다. 그러나 엄마는 아이의 그러한 관심과 욕구를 알지 못했다. 알고 싶어 하지도 않았다. 당장 시험과는 관련 없다고 생각했기 때문이다. 그러나 저자와의 상담을 통해 엄마는 아이의 욕구에 관심을 갖기 시작했다. 아이는 공원을 자주 방문하며 꽃과 나무, 곤충들을 관찰하고 질문을 던지는 모습이 보이기 시작했다.

나의 코칭대로 엄마는 도서관에서 생물학 책도 빌려주고, 인터넷에서 관련 동영상을 찾아보며 함께 학습할 시간을 가졌다. 엄마와의 갈등으로 책을 보지 않던 아이는 늦은밤까지 곤충에 대한 책을 읽고 흥미를 발견했다. 그리고 학교에서 발표를 하면서 학교에서도 주목받게 된다.

이제 아이는 엄마랑 더 이상 싸울 필요가 없게 되었다. 엄마가 자신을 위해 얼마나 노력하는지 알게 되었기 때문이다. 아이는 자신의 특별함을 발견하고 표현하는 과정에서 더욱 자신감을 갖게 되고, 성장하고 성숙해 가기 시작했다.

중1 주아는 사춘기를 맞이하여 반항적인 모습을 보이기 시작했다. 공부도 잘하고 모범생이었던 아이가 공부에 흥미를 잃고 성적이 쭉쭉 내려가기 시작했다. 모범생이었던 아이가 이러면 엄마는 가슴이 덜컥 내려앉는다. 세상이 무너지는 순간이다. 그러나 코칭을 통해서 엄마는 침착하게 행동했다. '아이의 반항적인 행동에 이유가 있을 것이다.' 생각하고 아이를 좀 더 지켜보기로 했다. 아이와의 대화를 통해, 아이가 예전보다 더 창의적인 활동에 관심을 갖고 있는 것을 알게 되었다. 그리고 특히 예술과 미술에 흥미를 느끼고 있다는 것을 알았다. 이를 토대로, 당신은 아이에게 미술 수업을 듣거나 더 창의적인 공간을 만들어주는 등의 지원을 제공하면서 아이의 욕구를 채워주기로 했다.

미술 수업을 시작한 아이는 기대 이상으로 흥미를 갖고 참여하며, 자신만의 예술 작품들을 만들어냈다. 또한, 아이의 반항적인 행동도 점차 줄어들며, 학교에서도 더욱 적극적으로 참여하고 성적도 덩달아 좋아지기 시작했다.

3. 아이 강점 알기 스타트

1) 내 아이다움 알기

EBS 프로그램 〈아이의 사생활〉에서는 가드너의 다중지능이론을 바탕으로, 성공한 사람들의 사례를 분석해 두 가지 공통점을 찾아냈다.

하나는 자신의 강점 지능과 직업이 일치한다는 것이고, 또 다른 하나는 '자기이해지능'이 높다는 것이었다. 자기가 어떤 일을 좋아하는지, 무엇을 잘할 수 있는지 등, 자기 자신에 대한 정확한 이해가 있을 때 자신의 강점을 잘 찾게 되었다.

누구든 한 분야에서 성공하기까지는 수많은 고난과 시련을 만나게 된다. 자기를 잘 이해하는 사람 즉 자기 이해지능이 높은 사람은 자신만의 스트레스 해소법, 일을 효율적으로 하는 방법, 힘들 때마다 자신을 다독이는 방법 등을 잘 알고 힘든 과정을 이겨 나간다.

강점 발견을 주장하는 저자들은 하나같이 '나다움'을 강조한다. 오랜 기간 관찰하고 연구한 끝에 자신의 삶에 만족하며 사는 사람과 그렇지 않은 사람들의 차이점은 바로 이것! 나답게 사느냐, 그렇지 않느냐였다.

나다움을 잘 아는 사람들은 어려운 상황에도 잘 대응하고 극복해 나가는 힘이 있다. 결국 성공과 행복 모두 자기 자신에 대한 이해가 바탕이 되어야 한다는 것이다. 우리 아이들이 좋아하는 일을 찾고, 그 분야에서 성공하며 행복한 삶을 사는 것! 모든 부모의 궁극적 목표이다. 특히 요즘처럼 빠르게 변화하는 사회에서 '나'에 대해 잘 알고 자기 관리를 잘 하는 것이 그 어느 때보다 중요해졌다.

우리는 각자 다양한 기질과 성격을 가지고 태어난다. 하지만 이러한 기질은 눈에 보이는 것이 아니기 때문에, 종종 우리 자신과 타인을 이해하는 데 어려움을 겪을 수 있다. 특히 우리 아이들은 아직 자신의 강점과 성향을 자각하기 어렵다. 요즘에는 기질과 성향의 중요성을 잘 알아서 학교에서 무료로 검사해주기도 한다. 학교에서 받은 검사지가 있다면 아이와 같이 보며 대화하는 것도 좋은 방법이다.

그러나 표를 봐도 이해가 되지 않거나 전문가의 의견을 좀 더 듣고 싶다면 반드시 전문기관에 방문해 보기를 추천한다.

강점 발견을 위해 기질 검사를 하는 이유는 다음과 같다.

개별 특성 파악 : 각 사람은 고유한 기질과 성격을 갖고 있다. 기질 검사를 통해 우리 자신과 다른 사람들의 개별적인 특성을 파악할 수 있다. 이를 통해 자신과 타인을 더 잘 이해할 수 있다.

강점 발견 : 기질 검사는 우리가 잘하는 것, 흥미를 갖는 것, 재능이 있는 것 등을 발견하는 데 도움을 준다. 이를 통해 우리 자신의 강점을 알고 발전시킬 수 있다.

성장 방향 설정 : 기질 검사를 통해 우리의 성격과 기질을 이해하면, 어떤 분야에서 더 성장하고 싶은지를 파악할 수 있다. 이를 통해 우리는 목표를 설정하고 더 나은 방향으로 성장할 수 있다.

자아 개발 지원 : 강점 발견은 우리가 자신을 이해하고 발전시키는 데 도움을 준다. 자아 개발에 필요한 노력과 자원을 집중하여 활용할 수 있다.

자신감 강화 : 강점을 발견하고 이를 개발하면 자신에 대한 자신감이 강화된다. 자신을 더 잘 알고, 능력을 인정하는 데 도움이 된다.

목표 달성 지원 : 강점을 알고 활용하면 우리가 원하는 목표를 더 쉽게 달성할 수 있다. 강점을 바탕으로 한 일들은 더욱 의미있고 성취감을 느낄 수 있다.

1. 기질 검사 도구 다 모여라!

기질 검사는 개인의 기질과 성격 특성을 파악하는 도구로서 다양하다. 일반적으로 사용되는 기질검사 도구들은 아래와 같다.

1) 다원재능심리검사

다원재능검사는 선천성과 현재성을 비교 분석하는 도구로 세계 최초로 발명특허를 받았다. 종합심리검사로서 한 번의 검사로 심리기질, 집착유형, 인품재능, 자아형상, 대극기질, 심리소통, 직업진로를 알 수 있다.

천문심리학기반 출생정보해석식(생년월일)으로 선천성을 판별하고 후천적으로 교육과 환경에 의해 바뀌는 현재성(성격)은 객관식(자기보고식 문항검사)검사로 판별한다. 선천성과 현재성을 비교 분석하는 12가지 프로파일로 4유형, 12유형, 144가지 유형과 기능별 분류의 결과값을 제공한다. 2023년 05월 기준으로 15.10 버전까지 개발되었으며 온라인으로 서비스를 제공하고 있다.

사춘기 자녀를 이해하는 데 가장 중요한 본질 파악에 큰 도움이 된다. 저자 또한 '다원재능 전문가'로 활동 중이다.

2) MBTI (Myers-Briggs Type Indicator)

성격유형을 분석하는 심리학적 도구이다. 요즘은 첫인사로 MBTI 질문이 빠지지 않을 정도로 MBTI가 일반화됐다. MBTI는 개인의 성격을 16가지 유형으로 분류하는데, 그 결과에 따라 자신이 외향적인지 내향적인지, 직관적인지 감각적인지 등을 파악할 수 있다.

Extroversion (E) vs. Introversion (I)

외향성(E): 외부 세계와의 상호작용을 선호하는 경향. 활동적이고 사교적일 수 있다.

내향성(I): 내면세계에 주로 주의를 기울이며, 개인적인 경험과 생각을 중요시하는 경향. 조용하고 내성적일 수 있다.

Sensing (S) vs. Intuition (N)

감각(S): 실제 경험과 사실에 주의를 기울이는 경향. 현실적이고 실용적으로 문제를 접근할 수 있다.

직관(N): 추상적인 아이디어와 가능성에 주의를 기울이는 경향. 창의적이고 미래 지향적일 수 있다.

Thinking (T) vs. Feeling (F)

사고(T): 논리적 원리와 분석을 중요시하는 경향. 문제를 분석하고 결정을 내릴 때 객관적인 요소를 고려한다.

감정(F): 감정과 관계에 주의를 기울이는 경향. 다른 사람의 감정과 가치를 중요하게 생각하며 공감할 수 있다.

Judging (J) vs. Perceiving (P)

판단(J): 계획적이고 조직적인 활동을 선호하는 경향. 일정을 따르고 결정을 내릴 때 구체적인 계획을 세우기를 좋아한다.

인식(P): 융통성 있고 새로운 경험을 즐기는 경향. 오픈마인드로 여러 가능성을 고려하며 자유분방한 면이 있다.

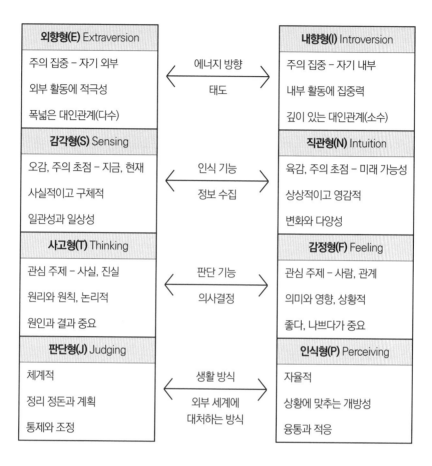

외향형(E) Extraversion		내향형(I) Introversion
주의 집중 – 자기 외부	에너지 방향	주의 집중 – 자기 내부
외부 활동에 적극성	태도	내부 활동에 집중력
폭넓은 대인관계(다수)		깊이 있는 대인관계(소수)
감각형(S) Sensing		**직관형(N) Intuition**
오감, 주의 초점 – 지금, 현재	인식 기능	육감, 주의 초점 – 미래 가능성
사실적이고 구체적	정보 수집	상상적이고 영감적
일관성과 일상성		변화와 다양성
사고형(T) Thinking		**감정형(F) Feeling**
관심 주제 – 사실, 진실	판단 기능	관심 주제 – 사람, 관계
원리와 원칙, 논리적	의사결정	의미와 영향, 상황적
원인과 결과 중요		좋다, 나쁘다가 중요
판단형(J) Judging		**인식형(P) Perceiving**
체계적	생활 방식	자율적
정리 정돈과 계획	외부 세계에 대처하는 방식	상황에 맞추는 개방성
통제와 조정		융통과 적응

MBTI 4가지 선호 지표

MBTI는 이 네 가지 차원을 조합하여 16가지 유형을 생성한다. 개인이 선호하는 유형에 따라 자신의 특징과 강점을 이해할 수 있으며, 대인 관계, 직업 선택, 학습 방식 등에 도움을 줄 수 있다. 그러나 MBTI는 일반화된 특성을 나타내는 것이므로 개인의 모든 측면을 아우르지는 않는다. 실제로 사람들은 이러한 분류로 완벽하게 설명되지 않는 다양한 성격적 특징을 갖기 때문이다. 따라서 MBTI 결과를 분석할 때는 심리학적 전문가와 상담을 권장한다. 전문가의 도움으로 정확하고 유용한 해석을 얻을 수 있다.

3) TCI (Temperament and Character Inventory)

TCI는 기질과 성격을 평가하기 위한 심리학적인 평가 도구이다. 개인의 기질과 성격 특성을 이해하고 분석하기 위해 개발되었다. TCI는 개인의 행동과 사고방식, 대인 관계, 감정적 반응 등을 파악할 수 있는 중요한 정보를 제공한다.

TCI는 다음과 같은 두 가지 주요 구성요소로 나누며 평가한다.

기질 (Temperament): 기질은 개인의 선천적인 특성과 생리적 경향을 나타내는 요소이다. 다양한 기질 요인을 통해 개인의 특징적인 행동 양식과 성격 특성을 분석한다.

기질 요인: 예민성, 활동성, 장애물 피하기, 관념적인 민감함 등 다양한 기질 특성을 측정한다.

성격 (Character): 성격은 사회적으로 습득한 가치, 믿음, 도덕적 특성을 나타낸다. 개인의 태도, 도덕성, 책임감 등을 성격 요인을 통해 평가한다.

성격 요인: 자기존중감, 자책감, 책임감, 협조성, 인내심 등 사회적으로 형성된 성격 특성을 측정한다.

TCI는 심리학 연구, 임상 평가, 개인 발달 분석 등 다양한 분야에서 활용된다. 이를 통해 개인의 특성을 이해하고, 정신 건강 문제, 대인 관계, 직업 선택 등에서 유용한 정보를 얻을 수 있다. 그러나 TCI 역시 전문가의 지도하에 사용되어야 하며, 결과를 해석하는 데에는 심층적인 이해와 경험이 필요하다.

4) 애니어그램 (Enneagram)

애니어그램은 성격 유형을 이해하고 분석하기 위한 도구로, 9가지 기본적인 성격 유형과 각 유형의 특징, 동기, 강점, 약점 등을 다룬다. 애니어그램은 아래와 같은 주요 특징을 가지고 있다.

9가지 기본 성격 유형: 애니어그램은 9가지 기본적인 성격 유형(타입)으로 분류된다. 각 유형은 숫자로 표현되며, 각기 고유한 특징과 행동 패턴을 가지고 있다.

유형 간 관계: 애니어그램은 각 성격 유형 간의 관계와 상호작용을 중요시한다. 이러한 관계를 통해 유형 간의 충돌이나 협력 가능성 등을 이해할 수 있다.

동기와 고유한 특징: 각 성격 유형은 고유한 동기와 욕구, 특징을 가지고 있다. 이를 통해 왜 개인이 특정한 행동을 보이는지를 이해하고 분석할 수 있다.

성장과 발전: 애니어그램은 성장과 발전에 초점을 두는데, 각 유형이 어떻게 자신의 약점을 극복하고 강점을 발전시킬 수 있는지에 대한 정보를 제공한다.

하위 유형과 통합: 각 기본 성격 유형은 더 세분화된 하위 유형으로 분류되며, 이를 통해 더 다양한 특징을 이해할 수 있다. 또한 통합(Integration)과 어긋남(Disintegration) 개념을 통해 각 유형의 행동 패턴 변

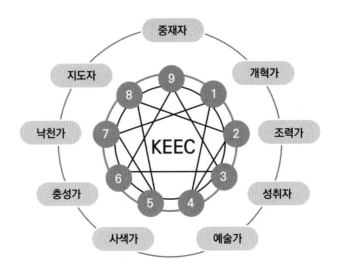

화를 설명한다.

애니어그램은 자기 이해, 대인 관계, 성장과 발전에 활용되며, 각 유형의 특징을 이해함으로써 다양한 상황에서 더 효과적으로 대처할 수 있도록 도움을 준다. 그러나 애니어그램 역시 전문가의 지도와 깊은 분석이 필요하므로 주의가 필요하다.

5) 지문적성검사

지문적성검사는 개인의 손가락 지문을 분석하여 기질과 관련된 정보를 얻는 절차를 말한다. 손가락 지문은 개인의 무늬와 주름 구조로 구성되어 있어 고유한 특징을 가지므로, 이를 분석함으로써 식별과 관련된 정보를 얻을 수 있다.

기본 원리: 지문적성검사는 손가락 지문의 무늬와 주름 구조를 분석하

여 개인을 식별한다. 지문의 특징은 고유성을 가지며, 이를 통해 개인 식별이 가능하다.

과정

- **스캐닝**: 손가락을 스캐너에 올려 지문 무늬를 스캔하여 디지털 형태로 변환한다.
- **특징 추출**: 스캔된 데이터에서 지문의 특징을 추출하여 고유한 정보로 변환한다.
- **저장 및 비교**: 추출된 정보는 데이터베이스에 저장되며, 필요할 때 입력된 지문과 저장된 데이터를 비교한다.

활용 분야

- **보안 및 접근 통제**: 스마트폰, 컴퓨터, 건물 등의 접근 통제 시스템에서 무단 접근을 방지하기 위해 사용된다.
- **범죄 수사**: 범죄 현장에서 발견된 지문을 분석하여 범죄자 식별과 수사에 활용된다.
- **신분증 확인**: 여권, 운전면허증 등의 발급과 사용 시 신분 확인을 위해 사용된다.

장점

- 지문은 고유한 패턴을 가지므로 다른 사람과의 혼동이 드물다.
- 비접촉식으로 사용 가능하여 편리하다.
- 높은 정확도로 신원을 확인할 수 있다.

제한점

- 지문이 손상되거나 오염될 경우 인식이 어려울 수 있다.
- 일부 환경에서 환경 조건에 따라 인식률이 저하될 수 있다.
- 개인 정보 보호와 관련된 이슈가 있을 수 있다.

2. 기질 검사 시 유의점

1) 반드시 전문가를 찾아가라

이러한 도구들은 각각 다양한 목적으로 활용되며, 개인의 성격, 기질, 특성 등을 이해하는 데 도움을 준다. 중요한 점은 반드시 전문가의 지도와 함께 사용되어야 정확한 결과를 얻을 수 있다.

2) 불안을 조장하는 전문가는 무시해라

"문제가 있어요."

"이렇게 그냥 두면 나중에 큰일 납니다."

"지금 치료 안하면 후회하실 거예요."

"아이 문제가 심각해요. 다른 애들하고 비교해도 상당히 떨어지네요." 등 부정적인 것만 강조하고 죄책감과 불안을 조장하는 전문가는 무시하기 바란다. 어디로 가야할지 모르겠다면 주저 말고 저자에게 오면 된다.

세상에 태어난 아이들은 모두 정상이다. 장애를 갖고 태어난 아이도 남과 비교하지 않고 그 존재 자체로 보면 '정상'이다. 아이들은 모두 작은 우주이다. 자기만의 기쁨과 목적이 있는 독특한 나만의 세상이다.

3. 아이의 진로 흥미를 흥미하자

| 홀랜드 진로 흥미 검사

홀랜드 진로 흥미 검사는 미국의 심리학자이자 존스 홉킨스 대학 교수인 존 루이스 홀랜드(John Lewis Holland, 1919~2008)가 연구하고 개발한 것이다. 이 검사를 통해 아이의 흥미 유형이 무엇인지 파악하고 일치하는 직업을 찾는 데 도움이 된다. 홀랜드는 자신의 성격과 맞는 직업을 선택하게 되면 직업에 쉽게 적응하고 즐겁게 일을 하므로 삶의 만족도가 높다고 보았다. 워크넷(www.work.go.kr)이나 커리어넷(www.career.go.kr)에 로그인하여 무료로 검사할 수 있다. 위 사이트에 들어가면 성인 대상 검사와 청소년 대상 검사가 있다. 부모님도 함께 검사하여 자녀와 함께 진로에 대해 대화해보는 의미 있는 시간이 될 수 있다.

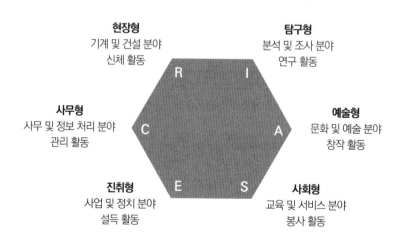

홀랜드 흥미 유형 6가지 척도

흥미유형	코드	흥미	직업 활동	잠재 능력	가치
현장형	R	기계, 컴퓨터, 네트워크 야외 활동	건축, 수리, 안전 제공, 도구 사용	기계 발명, 손재주, 신체 조정 능력	전통, 실용성, 상식
탐구형	I	과학 수학 연구	연구 활동, 추상적인 문제 해결, 연구실 작업	수학적 능력, 분석력, 연구, 집필 능력	독립심, 호기심
예술형	A	예술, 문화, 커뮤니케이션, 자기표현	작곡, 공연, 예술 창조	창의성, 음악성, 예술 표현	아름다움, 독창성, 상상력
사회형	S	봉사 공동작업, 공동체 서비스	상담, 직업훈련, 간호, 교육	대인 간 능력, 언어능력, 청취 및 관심 표현	협동, 관대, 봉사
진취형	E	정치, 경영, 리더십, 창업	경영, 설득, 마케팅, 판매	언어능력, 지시 능력, 동기 부여 능력	모험, 지위, 경쟁
사무형	C	구성, 자료, 관리, 정보 시스템	자료기록, 컴퓨터 응용개발, 구성,	자료 분석, 금융, 세부 내용 다루기	정확성, 안정성, 효율성

흥미 유형별 특징

홀랜드가 제시한 성격 유형은 현장형(R), 탐구형(I), 예술형(A), 사회형(S), 진취형(E), 사무형(C)의 6가지로 구분되고 검사를 통해 점수가 높게 나온 진로 흥미 유형에 따라 일치하는 유형의 전공학과와 추천 직업군이 선정된다.

현장형(Realistic)

현장형은 실제적이고 물리적인 활동을 선호하는 성격 유형이다. 이들은 손으로 물건을 다루는 것을 즐기며, 자연스러운 활동을 선호한다. 실용적이며, 문제를 해결하고 물건을 만지작거리며 일하는 것을 좋아한다. 눈에 보이는 결과가 나타나는 직업이나 조각 만들기, 기구 활용, 야외 활동 등에 관심이 많다. 생각을 오래하기보다는 행동하는 것을 더 좋아한다. 당면한 문제를 해결할 때에는 애매한 것은 싫다. 구체적이고 현실적인 해결책을 선호한다. 기술자, 자동기계 및 항공기 조종사, 정비사, 농부, 엔지니어, 전기, 기계기사, 운동선수, 안경사, 동물사육사, 컴퓨터 기술자 등과 같은 직업들이 이 유형에 속한다.

현장형 아이의 평소 모습

- 물건을 만지고 조작하는 놀이를 즐김
- 실제 물건들로 무언가를 만들기를 선호함
- 실외 활동을 즐기며 활동적인 놀이를 선호함

탐구형(Investigative)

탐구형은 분석적인 사고와 논리적인 추론 능력을 갖춘 성격 유형이다. 문제 해결과 연구에 흥미를 느끼며, 새로운 아이디어와 개념을 탐구하는 것을 즐긴다. 지적 호기심이 강하며 새로운 정보를 분석하고 해석하는 것에 강한 흥미가 있다. 현장형과는 다르게 이론을 논리적이고 분석적으로 해결하는 것을 좋아하므로 학구적이고 연구적이다. 과학자, 생물학자, 화학자, 물리학자, 의사, 게임 프로그래머, 소프트웨어 기술자, 교수, 연구원, 제품개발원, 수학자 등과 같은 직업들이 이 유형에 해당한다.

탐구형 아이의 평소 모습

- 호기심이 많고 질문을 자주 던짐
- 새로운 정보나 개념을 탐색하는 놀이를 선호함
- 문제를 해결하는 놀이나 퍼즐을 좋아함

예술형(Artistic)

예술형은 창의력과 표현력이 풍부한 성격 유형이다. 창의적인 욕구가 강하고 사물을 자신만의 방식으로 표현하는 것에 재능이 있다. 미술, 음악 등의 활동을 좋아하며 예술적인 활동을 통해 자신을 표현하며, 독특하고 창의적인 작업을 선호한다. 예술가, 시각디자이너, 예능 교사, 사진작가, 가수, 화가, 작가, 음악가 등과 같은 직업들이 이 유형에 속한다.

예술형 아이의 평소 모습

- 창의적인 놀이나 예술 활동에 흥미를 보임
- 그림 그리기, 노래 부르기 등의 활동을 좋아함
- 다양한 색상과 형태에 민감하게 반응함

사회형(Social)

사회형은 다른 사람들과의 소통과 협력을 중요시한다. 타인에 대한 관심이 많고 사람들을 돕고 지원하는 것을 즐긴다. 봉사활동을 좋아하고 사람들과 만나서 대화하고 조직적으로 활동하는 것에 관심이 있다. 다양한 사회적 상황에서 능숙하게 대처한다. 사회복지사, 교육자, 간호사, 상담가, 언어치료사, 헤어디자이너, 이벤트 종사자, 분장사, 청소년상담사, 재활치료사 등과 같은 직업들이 이 유형에 해당한다.

사회형 아이의 평소 모습

- 다른 아이들과 함께 노는 것을 즐김
- 친구와 어울리며 협력하는 놀이를 선호함
- 다른 아이들의 감정과 관심사에 관심을 보임

진취형(Enterprising)

진취형은 리더십과 경쟁을 즐기며, 도전적인 상황에서 능숙하게 대처한다. 목표를 향해 나아가는 것을 중요시하며, 사업가 정신과 창업을 고려하는 경우가 많다. 목표를 달성하기 위해 문제점이 무엇인지를 파악하는 능력이 있다. 남보다 앞서 나가는 것을 좋아한다. 기업 경영인, 정치가, 판사, 영업사원, 보험회사원, 판매원, 관리자, 연출가, 공인중개사, 검사, 매니저, 스포츠마케터, 자동차 딜러, 등과 같은 직업들이 이 유형에 속한다.

진취형 아이의 평소 모습

- 리더 역할을 맡기를 원하거나 다른 아이들을 도와주는 것을 좋아함
- 경쟁적인 게임이나 활동에서 즐거움을 느낌
- 목표를 설정하고 그것을 이루려는 의지를 보임

사무형(Conventional)

사무형은 규칙을 따르고 조직적인 일을 선호한다. 정확하고 체계적인 작업을 할 때 효율적으로 작동하며, 문서 작성, 데이터 분석 등의 업무에 능숙하다. 특히 자료 관리와 같은 정확성이 필요한 업무에 탁월하다. 변화가 큰 것보다는 적은 환경을 선호하고 창의적인 활동보다는 일 자체의 능률, 효율성, 정확성, 세심함을 선호한다. 공인회계사, 비서, 사무원, 은행원, 세무사, 행정공무원, 법무사, 변리사, 신용분석가, 비서 등과 같은 직업들이 이 유형에 해당한다.

사무형 아이의 평소 모습

- 조직적인 활동을 좋아하며 정돈된 놀이를 선호함
- 규칙과 순서를 따르는 것을 좋아함
- 게임이나 놀이의 규칙을 설정하거나 따르기를 선호함

이는 어떤 유형에 대한 좋고 나쁨 없이 진로에 대한 흥미의 차이만 있다. 유형은 독립적이지만 사람에따라 2~3개의 유형을 더 가질 수도 있다. 이 검사를 통해 아이들이 한 방향으로만 가지 않아도 되고 각자의 흥미에 맞게 다양한 직업 분야로 갈 수 있다는 다양성을 알 수 있다.

검사를 완료하면 흥미 육각형 모형에 대한 정보도 제공된다. 검사한 6가지 흥미 수준을 육각형 모형으로 옮겨 놓은 것이다. 육각형 모양이 한쪽으로 튀어나와 있으면 그 분야에 특히 관심이 많다고 해석할 수 있다. 반면에 전체 모양이 정육각형에 가까우면 모든 유형에 비슷한 흥미를 가지고 있다는 것이다. 이는 아직은 정확하게 해석하는 것은 시기상조이므

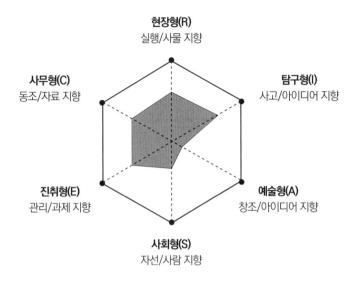

현장형(R)
실행/사물 지향

탐구형(I)
사고/아이디어 지향

사무형(C)
동조/자료 지향

예술형(A)
창조/아이디어 지향

진취형(E)
관리/과제 지향

사회형(S)
자선/사람 지향

흥미 육각형 모형 예시

로 조금 더 지켜볼 필요가 있다.

또한 육각형의 크기가 크면 모든 유형에 높은 흥미를 가지고 있다고 볼 수 있고, 반대로 크기가 작으면 모든 유형에 낮은 흥미를 가지고 있다고 볼 수 있다.

| 홀랜드 검사 시 주의사항

1) 결과가 변화할 수 있다: 홀랜드 검사는 개인의 경험, 관심사, 성장과정, 환경 등에 의해 형성되는 것으로 개인의 경험과 상황에 따라 변할 수 있다. 검사 시점에 따라 개인의 기분이나 생각이 다를 수 있기에 현재 상태에 영향을 받는다. 즉, 고정된 것이 아니며 시간이 지남에 따라 변화할 수 있음을 염두에 두어야 한다.

2) **솔직하게 검사하기**: 검사 시 본인의 실제 성향과 선호도를 반영하는 정확한 답변을 해야 한다. 자신을 가장 정직하게 표현하는 것이 검사 결과의 유용성을 높이는 데 도움이 된다.

3) **너무 고민하며 답하지 않기**: 검사는 상대적으로 짧은 시간 내에 진행되므로, 각 질문에 너무 많은 시간을 들이지 않도록 주의해야 한다. 본능적인 답변을 잡아내기 위해 과도한 분석은 하지 않는다.

홀랜드 검사 결과는 직업 선택과 경력 계획에 유용한 정보를 제공할 수 있지만, 이 결과만으로 모든 결정을 내리는 것은 바람직하지 않다. 검사 결과가 절대적인 것은 아니므로 진로의 폭을 더 넓게 경험하고 알아보는 시도가 필요하다.

그럼에도 홀랜드 검사가 여전히 많은 사람에게 인기가 있다. 내 아이가 자기인식을 향상하도록 도와주며 성장과 교육 그리고 진로 방향에 틀림없이 도움을 주기 때문이다. 중요한 것은 아이의 특성과 흥미를 이해하면서 의미 있는 시간을 갖는 것이다.

4. 아이의 기질적 강점 알기

"**원장님, 저희 아이가 영어는 잘하는데 수학에는 영 관심이 없어요. 어떻게 하면 좋을까요?**"

"**저희 아이 부족한 부분이 무엇이죠? 약점을 빨리 보완해 줘야 할 텐데 걱정이에요.**"

학부모 상담 시 대부분의 엄마들은 아이의 강점이 아닌 약점에 집중되어 있다. '내 아이는 참 부족한 아이니까 잘 부탁드려요.'라는 겸손함으로 다가오기도 한다. 그러나 대부분 학부모들은 아이의 강점을 강화할 방법 보다는 아이의 약점을 보완할 방법을 더 궁금해 한다. 특히 과목별 성적에 있어서 학부모들의 약점에 대한 관심은 크다. 대학 입시라는 큰 문을 통과 하기 위해 약점 과목을 보완해서 과목별 성적을 상향평준화 시켜야 하기 에 이런 현상은 어쩌면 당연하기도 하다.

우리 아이들이 어릴 때는 웃어주기만 해도 아장아장 걷기만 해도 기특 하고 감사했다. 또래보다 빨리 걷기만 해도 '요 녀석 천재가 아닐까?' 생각 한다. 한글을 읽기 시작하고 덧셈, 뺄셈을 하는 순간 우리 아이는 이미 영 재가 된다. 특별한 것도 없는 일상적인 행동들일지라도 우리 아이의 모든 행동에 감탄한다.

그런데 이상하다. 아이가 학교 다니기 시작하면서 우리는 점점 약속이 라도 한 듯 약점에 집중하기 시작한다. 이는 인간의 뇌의 작동 원리 중 하 나인 '뇌의 부정적 편향' 때문이기도 하다. 우리 뇌는 무의식적으로 긍정 적인 면보다 부정적인 면에 더 반응하고 집중한다. 이는 강점보다 약점을 발견하는 데 더 익숙하게 만들고 아이를 '있는 그대로' 보는 것을 어렵게 한다.

『똑똑한 엄마는 강점 스위치를 켠다』의 저자 리 워터스는 약점에 반응 하려는 순간 잠시 멈추고 강점으로 스위치를 켜라고 말한다.

친구도 많고 말 그대로 '인싸'인 아이가 있다. 이 아이의 강점은 사회 적 적응성과 리더십이 훌륭하다는 것이다. 그런데 어느 날 친구랑 코피가 터지도록 싸우고 씩씩대고 집에 들어오는 아이를 보면 어떤 생각이 먼저 드는가? 강점으로 여기던 사회적 적응성, 리더십은 이미 잊어버리고 감정

절제를 못하는 약점에 집중하게 된다.

　이렇게 약점에 집중하면 어떤 일이 생길까? 무엇이든 집중하면 크게 보이는 법이다. 약점에 집중하다 보니 걱정이 불안을 낳고 불안은 화가 되어 아이를 다그치게 된다. 부모의 차가운 비난과 지적으로 아이의 자존감은 무너지게 되고 어른이 되어서도 스스로 모든 도전을 포기한다.

　진짜 내 아이를 사랑한다면 내 아이의 강점에 집중해 주자. 예민한 기질인 아이의 강점에 집중해 보자! 예민하기에 섬세한 감각, 풍부한 감수성, 그리고 완벽주의적 성향을 강점으로 볼 수 있다. 완벽주의적 성향이 갖는 강점 덕분에 스스로 해냈을 때 성취감을 느끼게 될 것이다. 풍부하고 솔직한 감수성 덕분에 표현력이 좋을 수 있겠다. 예민하다는 약점에 집중하는 게 아니라 강점에 집중하니 내 아이가 더 사랑스럽고 기특해 보인다.

　이렇게 나를 인정해주고 수용해주는 존재가 될 때 부모의 든든한 지지 아래 자신의 강점을 발현하고 가족과 함께 약점을 보완해 갈 수 있다. 그러면서 비로소 이 세상에 자신의 빛을 낼 수 있게 된다. 내 아이의 결핍과 문제가 보완 가능한 약점으로 인식 되어지기를 바란다. 모든 아이가 자기다움을 존중받길 바란다. 강점 기질을 볼 수 있는 부모 아래 아이의 존재가치는 빛이 나고 비로소 행복해진다. 강점에 집중할 때 아이 안에 숨은 거인을 깨울 수 있게 된다.

❙ 강점지능검사(다중지능검사)

　강점 지능검사는 미국 하버드대학교의 교육학과 교수인 하워드 가드너 박사가 고안한 검사로 다중지능검사로 많이 알려져 있다.

　이미 논문을 통해 그 효용성은 검증되었다. 이 검사를 통해 내 아이의 강점이 무엇인지 알 수 있을 뿐만 아니라 재능 발견의 단서로 활용할 수 있다. 그러나 본 검사는 간이 검사이므로 참고하기에 좋다. 좀 더 정확하고 구체적인 검사 결과를 원한다면 반드시 관련전문가에게 도움을 받기를 바란다.

| 강점지능검사 특징

다중지능 이론에 기반: 강점지능검사는 하워드 가드너의 다중지능 이론에 기반하여 설계. 이 이론은 언어지능, 수리논리지능, 시각공간지능, 음악지능, 체구운동지능, 대인지능, 내향-자발성지능 등 다양한 지능 영역을 제안한다.

강점 영역 파악: 강점지능검사는 개인이 가장 뛰어난 지능 영역을 파악하는 데에 초점을 맞춘다. 각 영역을 다양한 방식으로 평가하고, 개인의 성취와 관심사를 반영하여 강점을 도출한다.

자아인식과 자기개발에 도움: 강점지능검사를 통해 개인은 자신의 능력과 특기를 더 잘 인식할 수 있다. 이를 바탕으로 자기개발에 도움이 되는 학습 전략과 방향을 설정할 수 있다.

다양한 평가 방법: 강점지능검사는 다양한 평가 방법을 사용한다. 문제 해결, 시험, 프로젝트, 작업 시뮬레이션 등을 통해 각 지능 영역을 평가한다.

강점지능검사는 개인의 지능 영역을 파악하여, 자신의 능력과 특기를 더 잘 이해하고 개발할 수 있도록 도와주는 유용한 도구이다. 하지만 이러한 검사는 전문적인 지식과 상담이 필요한 분야이므로, 검사 결과를 해석하고 활용하는 데에는 전문가의 도움이 필요하다.

각 문항을 읽고 해당하는 번호를 답안지에 표시한다.

(1, 전혀 그렇지 않다. 2, 별로 그렇지 않다. 3, 보통이다. 4, 대체로 그렇다. 5. 매우 그렇다)

1, 취미 생활로 악기 연주나 음악 감상을 즐긴다,

2, 운동 경기를 보면 운동선수들의 장단점을 잘 안다.

3, 어떤 일이든 실험하고 검증하는 것을 좋아한다.

4, 손으로 물건을 만들고, 그림 그리는 것을 좋아한다.

5, 다른 사람보다 어휘력이 풍부한 편이다.

6, 친구나 가족들의 고민거리를 들어주거나 해결하는 것을 좋아한다.

7, 나 자신을 되돌아보고 앞으로의 생활을 계획하는 것을 좋아한다.

8, 기계에 관심이 많고, 각각의 공통점과 차이점을 알고 있다.

9, 악보를 보면 그 곡의 멜로디를 어느 정도 알 수 있다.

10, 평소에 몸을 움직이며 활동하는 것을 좋아한다.

11, 학교 수업중 수학이나 과학 과목을 좋아한다.

12, 어림짐작으로도 길이나 넓이를 비교적 잘 알아맞힌다.

13, 글이나 문서를 읽을 때 문법적으로 어색한 문장을 잘 찾아낸다.

14, 학교 내 왕따가 왜 발생하고 어떻게 해결하면 좋을지 알고 있다.

15, 나의 건강 상태나 기분, 컨디션을 정확히 파악할 수 있다.

16, 옷이나 가방을 보면 어떤 브랜드인지 바로 알아맞힐 수 있다.

17, 다른 사람의 연주나 노래를 들으면 어떤 점이 부족한지 알 수 있다.

18, 어떤 운동이라도 한 두 번 해보면 잘 할 수 있다.

19, 다른 사람의 말 속에서 비논리적인 점을 잘 찾아낸다.

20, 다른 사람의 그림을 보고 평가를 잘 할 수 있다.

21, 나의 꿈은 작가나 아나운서이다.

22, 다른 사람들로부터 다정다감하다는 소리를 자주 듣는다.

23, 내 생각이나 감정을 상황에 맞게 잘 통제하고 조절한다.

24, 동물이나 식물에 관하여 많은 정보를 알고 있다.

25, 다른 사람과 노래할 때 화음을 잘 넣는다.

26, 운동을 잘 한다는 말을 자주 듣는다.

27, 학교 생활에서 발생하는 문제를 해결하는 절차와 방법을 잘 알고 있다.

28, 내 방이나 교실을 꾸밀 때 어떤 재료를 사용해야 하고, 어떻게 배치해야 할지 잘 알아낸다.

29, 글을 조리 있고 설득력 있게 쓴다는 말을 자주 듣는다.

30, 친구의 기분을 잘 파악하고 적절하게 대처한다.

31, 평소에 내 능력이나 재능을 계발하기 위해 노력하고 있다.

32, 동물이나 식물을 좋아하고 잘 돌본다.

33, 악기를 연주할 때 곡의 음정, 리듬, 빠르기, 분위기를 정확하게 표현한다.

34, 조각, 조립과 같이 섬세한 손놀림이 필요한 활동을 잘 할 수 있다.

35, 물건의 가격이나 숫자 등을 잘 계산한다.

36, 다른 사람으로부터 그림 그리기나 만들기를 잘 한다고 칭찬받은 적이 있다.

37, 책이나 신문의 사설을 읽을 때 그 내용을 잘 이해한다.

38, 가족이나 친구 등 누구와도 잘 지내는 편이다.

39, 내 일정을 플래너에 정리하는 등 규칙적인 생활을 위해 노력한다.

40. 현재 동식물과 관련된 직업을 갖기를 원한다.

41, 어떤 악기라도 연주법을 비교적 쉽게 배운다.

42, 개그맨이나 탤런트, 주변 사람들의 행동을 잘 흉내낼 수 있다.

43, 어떤 것을 암기할 때 무작정 외우기보다는 논리적으로 이해하여 암기하곤 한다.

44, 새로운 지식을 습득할 때 그림이나 개념 지도를 그려가며 외운다.

45, 국어 시간이나 글쓰기 시간을 좋아한다.

46, 내가 속한 집단에서 내가 해야 할 일을 잘 찾아서 수행한다.

47, 어떤 일에 실패했을 때 그 원인을 철저히 분석해서 다음에는 그런 일이 생기지 않도록 노력한다.

48, 동식물이나 특정 사물이 갖는 특징을 분석하는 것을 좋아한다.

49, 빈칸을 주고 어떤 곡을 채워보라고 하면 박자와 전체 곡의 분위기에 맞게 채울 수 있다.

50, 연기나 춤으로 내가 전하고자 하는 것을 잘 표현할 수 있다.

51, 어떤 문제가 생기면 성급하게 결론을 내리기보다 여러 가지로 그 원인을 밝히려고 한다.

52, 고장 난 기계나 물건을 잘 고친다.

53, 다른 사람이 하는 말의 핵심을 잘 파악한다.

54, 다른 사람들 앞에서 프레젠테이션이나 연설을 잘한다.

55, 어떻게 성공해야 할지에 대해 뚜렷한 신념을 가지고 있다.

56, 환경문제를 해결할 수 있는 방법들을 많이 알고 있다.

요인	A	B	C	D	E	F	G	H
문항	1	2	3	4	5	6	7	8
나의 점수								
문항	9	10	11	12	13	14	15	16
나의 점수								
문항	17	18	19	20	21	22	23	24
나의 점수								
문항	25	26	27	28	29	30	31	32
나의 점수								
문항	33	34	35	36	37	38	39	40
나의 점수								
문항	41	42	43	44	45	46	47	48
나의 점수								
문항	49	50	51	52	53	54	55	56
나의 점수								

지능 유형	A	B	C	D	E	F	G	H
합계								

세부 항목별 총합계

** 각각의 세로 항목에 해당하는 지능

A: 음악지능   B: 신체 운동지능   C: 논리 수학지능   D: 공간지능

E: 언어지능   F: 인간 진화지능   G: 자기 이해지능   H: 자연 탐구지능

** 채점 방법

1) 표의 세로 항목별로 점수 합계를 낸다.

2) 환산 점수가 높은 것이 강점이고, 낮은 것이 약점이다.

3) 점수가 높은 2개의 유형을 참고하고, 두 번째와 세 번째 점수가 비슷한 경우 세 번째 유형도 고려한다.

나의 강점 지능 3가지와 관련 있는 직업은 무엇인지 다음 참고 자료를 활용하여 써보자.

지능	활동	대표적 직업
언어지능	공식 연설, 일기, 창작, 임기응변, 언쟁, 유머 및 농담, 이야기 만들기	연설가, 정치가, 시인, 편집자, 기자
논리 수학 지능	추상적 공식, 도표 구조화, 수열, 계산법, 부호 해독, 삼단 논법, 문제 해결	수학자, 회계사, 통계전문가, 과학자, 논리학자
공간 지능	항해, 지도 제작, 체스 게임, 상상력, 패턴, 디자인, 그림, 인지도, 조각, 사진	안내자, 건축가, 발명가, 예술가
신체 운동 지능	역할극, 제스처, 드라마, 무술, 운동, 스포츠,	배우, 무용가, 조각가, 기계공, 외과의사
음악 지능	리듬 패턴, 보컬 사운드, 배경 음악 선정, 악기 연주, 노래, 공연	음악 비평가, 작곡가, 연주가, 악기 제작가
인간 진화 지능	피드백 주고 받기, 타인의 감정에 대한 이해, 협력, 학습전력, 공감, 분업, 집단 프로젝트	상담가, 교사, 심리치료사, 정치가, 세일즈맨
자기 이해 지능	메타인지 기술, 사고전략, 정신 집중 기술, 고도의 추론	철학자, 신학자, 소설가, 심리학자
자연 탐구 지능	관찰, 견학, 소풍, 여행, 하이킹, 자연 보호, 동물 기르기	식물학자, 과학자, 정원사, 수의사, 공원관리자

강점 지능별 대표적 직업

1) 아이 강점 신호에 집중하기

기질검사로 정확하게 아이의 강점을 알 수 있다. 부모는 아이의 기질이 갖는 '강점'은 잘 살려주고 '약점'은 환경과 경험으로 보완해 주면 된다.

그렇다면 일상생활에서는 아이의 강점을 어떻게 알 수 있을까? 함께 시간을 보내면서 아이의 행동과 말에 집중해볼 수 있다. 사춘기가 시작되고 과묵해져서 말을 하지 않더라도 잘 관찰하면 강점을 알리는 행동들을 파악할 수 있다.

<아이의 강점을 알리는 행동들>

1. 무엇이 재미있다고 자주 말한다.
2. 주변에서 이것으로 칭찬을 받거나 상을 받아온다.
3. 도서관에서 주로 이 주제로 책을 읽는다.
4. 그 주제에 대해서 질문을 많이 한다.
5. 이것을 얘기하거나 행동할 때 눈에 생기가 돈다.

단순한 호기심이나 단기간의 관심이라고 치부해버리지 말자. 혹 그렇더라도 아이의 지적 호기심을 충족시켜주기 위해 함께 도서관에 가서 책을 찾아주거나 캠프 등에 참여해 관심 분야의 활동에 적극 참여하도록 도와주도록 한다. 작고 사소한 것이라도 일단 해보고 재미를 느꼈다면 다시 또 하고 싶을 것이다. 재미를 느끼고 잘한다는 생각이 들게 되면 반복되고 이것이 아이의 강점으로 연결될 수도 있다.

행복한 삶의 공식은 자신의 대표 강점을 발견하여 일상생활 속에서 매일 발휘하며 커다란 만족과 진정한 행복을 경험하는 것이다.
- 긍정심리학자 린다 셀리그먼(Linda Seligman) -

인생에서 진짜 비극은 천재적인 재능을 타고나지 못한 것이 아니라 이미 가지고 있는 강점을 제대로 활용하지 못하는 것이다.
- 벤자민 프랭클린(Benjamin Franklin) -

지금까지 우리는 늘 부족한 부분에 대한 콤플렉스를 안고 살아왔다. 잘하는 것을 개발하고 키우기보다는 약점을 보완하고 채우는 데에 많은 시간을 보냈다. 중학생, 고등학생을 거쳐 대학에 입학하기까지 입시 제도라는 틀 안에서 생활하기 때문에 발생하는 현상이기도 하다. 대학 입학 컷트라인에 맞추려면 나의 약점을 보완해 점수를 맞춰야 했고, 강점을 개발하고 훈련하기엔 주어진 시간이 그리 많지 않다.

교육 환경이 전반적으로 대학 입학에 초점이 맞춰져 있다 보니 입시에 별로 관심이 없는 친구들도 어쩔 수 없이 같은 환경에서 수업을 들을 수밖에 없었다. 자신의 강점이 무엇이고 어떻게 발전시켜야 하는지에 대해선 아는 바가 별로 없었다.

그러나 이제 아이의 강점이 무엇인지 알게 되었다. 이제는 애써 해도 안 되거나 성과가 적은 일에 집착하고 그에 자신을 맞추느라 인생을 허비할 필요가 없게 되었다. 아이의 강점은 잠재력이 된다. 그리고 이 잠재력을 통해 할 수 있다는 것을 아는 것이다. 소크라테스의 말처럼 탐구하지 않는 삶이 살 가치가 없다면 살아본 적 없는 삶은 탐구할 만한 가치가 있다. 무엇보다 마음의 소리에 귀를 기울여 자신이 즐겁게 하는 일이 무엇인지 살펴봐야 한다. 내 아이에게 정말로 중요한 것이 무엇인지 알게 되면 인생이 완전히 바뀌고, 그 꿈을 항상 마음속에 간직할 경우 날마다 가장 중요한 존재로서 가장 중요한 것이 무엇인지 알고 살아가게 된다.

인생을 바꾸고 싶다면 자신에 대한 관점을 바꿔야 한다. 자신을 격려하고 응원할 줄 알아야 한다. 스스로에게 긍정적인 말을 하는 것이 변화의 시작이다. 우리가 비교해야 할 사람은 오로지 자기 자신뿐이다. 다시 말해 어제보다 나은 내가 되는 것이 바로 우리 임무다. 자신을 정직하게 바라보고 가치를 솔직히 평가하는 자세는 자존감을 높이는 데 큰 도움이 된다. 자존감은 하루하루의 긍정적인 습관, 행동, 결정을 먹고 자라게 마련이다.

꿈꿀 수 있다면 이룰 수 있다. 한계는 바로 우리 자신 안에 있다. 가장 큰 기적은 우리가 내일도 오늘과 똑같은 사람일 필요가 없고, 신이 우리에게 심어놓으신 잠재력을 발휘하면 더 나은 사람이 될 수도 있다는 것이다.

자신이 원하는 것을 명확히 알면 세상도 확실하게 응답한다. 성장하고 싶다면 실수할지도 모른다는 두려움을 극복해야 한다. 일단 한번 해봐! Just do it! 믿음을 키우고 두려움을 떨쳐버리자. 가장 중요한 사실은 내 아이가 할 수 있다는 것을 아는 것이다. 오랫동안 꿈을 그리는 사람은 마침내 그 꿈을 닮아간다. 내 아이도 마찬가지다.

성공한 사람들은 자신들의 재능을 알고 있었으며, 자신들의 약점보다 강점을 가지고 더욱 학문과 기술로 발전시켜 나갔다. 재능이란 태어날 때부터 가지고 있는 특별한 능력이라고 정의할 수 있다. 마커스 버킹엄의 『위대한 나의 발견 강점 혁명』에 의하면, 뇌의 비밀은 뉴런이라 불리는 뇌세포끼리의 연결 부분인 시냅스에 숨겨져 있다고 한다.

발견된 자신의 재능이 지식과 기술로 다져질 때 비로소 진정한 나만의 강점이 된다. 따라서 재능을 파악하는 일은 자아 발견의 삶을 위해 어느 무엇보다 중요한 일이다. 그렇다면 보이지도 않는 자신의 강력한 뇌 회로, 즉 선천적인 자신만의 고유한 재능의 비밀을 어떻게 찾아낼까?

"나는 어릴 때 공상 과학물을 꾸준히 읽고 자랐다."

영화 〈아바타〉로 유명한 제임스 카메론 감독은 TED 강연에서 말문을 열었다. 어린 시절로 되돌아가 보면 호기심이 많은 소년이었고, 공상과학물을 읽는 데 몰두했으며, 외계인, 우주선, 로봇과 같은 공상물들을 그리기 좋아하는 예술가였다고 말했다. 그는 해저 세계를 동경해 왔으며, 15세 때에는 스쿠버다이버가 되겠다고 다짐한다. 어른이 되고서는 영화감독이 자신의 천직임을 깨닫는다. 제임스 카메론 감독은 자신의 탐구적 재능을 바탕으로 지식과 기술로 꾸준히 계발하였음을 알 수 있다. 그는 결국 SF를 다루는 영화 연출자가 되었다.

『꿈의 해석』으로 유명한 심리학자 프로이트는 문학적 재능과 심리학적 식견을 두루 갖추고 있으며, 여러 융합 학문의 교감이 가능했던 학자로 보인다. 하지만 그는 자신의 재능을 최대한 발휘할 수 있는 분야로 정신분석학을 택했다.

아인슈타인은 논리와 공간 능력, 피카소는 공간, 인성, 신체 능력, 엘리엇은 언어와 학문, 간디는 인성과 언어에 재능을 나타냈으며, 자신의 재능을 발견한 시기와 양상이 상당히 다르다고 말했다.

성공한 사람들은 일단 어떠한 일에 빠져들고, 시도하고 좌절하며 때론 실패를 하기도 하지만, 남보다 빠른 속도로 성장했다는 공통점이 있다. 그러면서 자신의 재능에 지식과 기술을 더하여 자신만의 강점으로 계발시켜 나갔다. 부모의 이해나 교사의 격려, 멘토의 등장과 같은 환경적 요소의 결합으로 강점은 특화되어 전문성으로 발전되었다.

'골프의 황제'라고 불리는 타이거 우즈나 '피겨 스케이팅의 여왕'이라 불리는 김연아 선수는 재능+지식+기술에 부모와 멘토의 영향, 엄청난 연습과 훈련을 통해 선천성과 후천성을 동시에 갖춘 천재들이다.

결론적으로 자신의 재능을 찾는 일은 성공과 연계되어 있으며, 자기만족과 자기실현으로 이어진다. 그렇다면 자신의 재능을 어떻게 발견해 낼 수 있을까?

2) 아이 강점 살리기 4단계

한 소녀가 있었다. 이 소녀는 어렸을 때부터 아주 조용한 아이였지만 누구보다 정리하는 것을 좋아하는 아이였다. 엄마가 '정리 변태'라고 부를 정도였다고 한다. 이 소녀는 자신이 정리에 소질이 있다는 것을 관찰하고 커가면서 자신의 정리 습관과 청소 습관을 더욱 더 키워나갔다. 성인이 되어서는 자신을 '정리 컨설턴트'라고 정의한 후 다른 사람의 정리를 도와주기 시작했다. 그녀의 이름은 곤도 마리에. 지금은 세계에서 가장 잘나가는 정리 컨설턴트가 되었다.

타임머신을 타고 과거로 돌아갈 수는 없지만, 강력한 뇌 회로의 연결이 반으로 줄어들기 전, 3~15세까지 자신이 어떠한 어린이였는가를 회상할 수는 있다. 내가 잘하거나 관심 있는 부분을 관찰해본다. 우리나라 학생들이 아무리 학점 위주의 경쟁적 교육 환경에 있다 하더라도 틈만 나면

했던 일이라든가 특별히 관심이 있었던 일은 누구에게나 있다. 잘 모르겠다면 아래의 '강점찾기 5단계'를 살펴보자.

| 전문가의 피드백을 받게 하라

자신의 재능은 본인이 찾아내지 못하는 경우도 있고, 자라는 과정에서 부모나 학교, 사회의 인식 부족으로 그 재능을 오히려 사장시켜 버리는 경우가 허다하다.

이럴수록 주변 사람의 피드백을 기억해 내라. 특히, 교사와 같이 다른 사람의 재능을 읽어 낼 수 있는 전문가로부터 받은 피드백이 있다면, 그것이 본인의 재능일 가능성이 아주 높다.

| 성공한 사람을 옆에 두어라

뛰어난 개성이나 재능을 가진 사람 곁에 있으면 재능을 꽃피울 확률이 높아진다. 가까이 있는 사람을 쉽게 모방할 수 있기 때문이다. 성공한 인물 중에는 이 방법을 사용해서 자신의 재능을 폭발시킨 사람이 많다. 성공을 직접 한 번이라도 경험해 보는 것은 한 번도 해보지 못한 것과 매우 큰 차이를 지니게 된다. 그렇기 때문에 일단 다른 사람을 흉내내서 성공한 경험을 쌓아 본 후에 그 이후에 자신의 것을 쌓아 올림으로써 재능을 찾을 수도 있다. 성공한 사람들이 던지는 메시지가 내 주변을 가득 채울 때 내 안의 숨은 재능 성장의 용광로가 끓기 시작한다.

| '나도 할 수 있겠다' 싶은 분야에서 재능을 찾게 하라

혹시 무언가를 보고 '저 정도면 나도 어떻게든 해볼 수 있을 것 같은

데!' 라고 생각이 든 적이 있는가? 그렇다면 자신의 재능을 찾는 데 매우 중요한 신호를 느낀 것이다. 절대 흘려 보내지 마라. 많은 프로들은 아마추어 시절에 다른 프로들의 작품이나 무대를 보고 저 정도 보다는 내가 더 잘 하겠는데 라고 생각한 적이 있다고 한다. 이 감정을 '자기효능감(자신이 어떤 일을 성공적으로 수행할 수 있는 능력이 있다고 믿는 기대와 신념)' 이라고 부르는데 이는 동기를 일으키는 스위치를 켜는 데 중요한 감정이다.

| 보석도 꿰어야 보배다

가장 중요한 부분이다. 자신의 재능을 찾고 나서 가장 중요한 것은 당장 실행 계획을 잡고 직접 도전해 보는 것이다. 공부든, 일이든 해보지 않으면 정말 이것이 자신의 재능인지 아닌지 알 수 없다. '나라도 할 수 있겠다'라고 생각해도 실제로 해보지 않으면 결국 자신의 상상 속에서만 있기 때문이다.

그냥 노력하면 안 된다. 제대로 노력해야 한다. 롤모델을 정하고 그를 닮아가기 위해 해야 할 일을 최대한 작게 나눈다. 그리고 속도를 늦춰 하나씩 하나씩 이루어 나간다. 그리고 그 과정을 반복한다. 꾸준히 반복하기 위한 원동력을 얻기 위해 주변 환경을 바꾸는 것도 좋다. 환경이 바뀌면 내면의 점화가 일어난다. 불타오르는 에너지로 노력을 반복할 때 우리 뇌는 물리적으로 변화한다. 제대로 노력했을 때 더 똑똑해진다는 건 뇌과학적으로 증명된 사실이다.

어린 시절 그림에 대한 동경이 없었던 앙리 마티스는 21세까지 붓을 제대로 쥐어 본 적이 없었다. 지독한 독감에 걸린 아들을 위해 어머니가 선물한 그림 도구가 마티스의 인생을 바꾸어 놓았다. 혼자 4년을 독학하

였으며 파리의 명문 미술대학에 입학한다.

'나는 항상 내 노력을 숨기려고 노력했다. 사람들이 내가 작품을 위해
얼마나 많은 노력을 기울였는지를 절대 추측할 수 없을 정도로
내 작품이 봄날의 가벼운 기쁨을 가지고 있기를 바랐다.'
- 앙리 마티스 -

이는 그가 얼마나 노력했는지를 역설적으로 보여주는 부분이다. 미래의 삶, 자신들이 타고난 재능을 발전시키는 데에 생을 바친 모든 이를 보게 되면 그것으로 위안이 되고 동기부여가 된다.

타고난 재능을 발견하는 일은 행복한 삶의 구현에 필요한 일이다. 자신의 인생에서 좋아하고 즐기며 만족하는 일, 많은 시간을 들여도 지치기보다는 삶의 활력이 되는 일은 자신이 잘하는 일로 진보할 가능성이 높다.

<아이의 강점 발견을 다섯 단계로 정리!>

1단계: 관찰과 인지

- 아이의 행동과 흥미를 관찰한다.
- 그들이 어떤 활동을 좋아하는지, 무엇에 흥미를 보이는지를 파악한다.
- 학교에서 선호하는 과목이나 활동, 집에서 하는 취미 등을 주목한다.

예시: 부모가 아이를 관찰하다가, 아이가 특정 도구나 장난감을 좋아하는 것을 발견한다. 예를 들어, 아이가 블록을 가지고 놀며 창의적인 구조물을 만드는 모습을 자주 볼 수 있다.

2단계: 소통과 대화

- 아이와 소통하며 그들의 생각과 느낌을 이해하려고 노력한다.
- 어떤 주제에 대해 더 많이 이야기하고 싶어하는지, 무엇에 흥미가 있는지 듣는다.
- 아이의 자신감과 관심사를 강화시키는 긍정적인 대화를 지향한다.

예시: 부모가 아이와 대화를 나누면서, 아이가 블록 놀이를 즐기는 이유를 물어본다. 아이는 "창의적인 건축가가 되고 싶어요!"라고 말한다. 이때, 부모는 아이의 흥미와 꿈을 이해하고 공감해준다.

3단계: 활동과 경험 제공

- 아이가 강점을 발휘할 수 있는 다양한 활동과 경험을 제공한다.
- 그들의 흥미를 반영하는 취미나 스포츠를 찾아보거나, 관련된 교육 프로그램에 참여시킨다.
- 새로운 도전을 격려하고, 실패를 두려워하지 않는 환경을 조성한다.

예시: 부모는 아이를 창의적인 활동을 할 수 있는 도구와 놀이장에 데려가 준다. 예를 들어, 블록놀이를 할 수 있는 공간이나 창의성을 키울 수 있는 미술 수업에 참여시켜준다.

4단계: 지원과 격려

- 아이가 강점을 발휘할 때 지원과 격려를 제공한다.
- 그들의 노력과 발전을 인정하고 긍정적인 피드백을 제공한다.
- 어려움에 부딪혔을 때 도움을 주고, 성공을 축하한다.

예시: 아이가 블록놀이를 통해 멋진 건축물을 만들었을 때, 부모는 아이의 노력과 창의성을 칭찬하고 격려한다. "와, 너무 멋진 건물을 만들었네! 네 창의력은 정말 놀라워!"라고 말해주면 아이는 자신감을 얻을 수 있다.

5단계: 자아인식과 성장

- 아이에게 자신의 강점과 잠재력을 이해하도록 도움을 준다.
- 자기 자신을 믿고 자아인식을 발전시키도록 지원한다.

• 계속해서 새로운 관심사와 재능을 발견하고 성장할 수 있도록 독려한다.

이러한 다섯 단계를 따라가며 아이의 강점을 발견하고 발전시키면, 그들의 자아실현과 자기개발을 지원하는 데 큰 도움이 될 것이다.

예시: 부모는 계속해서 아이와 대화하며 블록 놀이나 다른 창의적인 활동에 관심을 가지도록 격려한다. 이러한 지원을 통해 아이는 자신의 강점을 더욱 인지하고, 자아 성장을 이루어나갈 수 있다.

2부

아이 강점 키우기

학습편

2

아이 강점 키우기 (학습편)

1. 현상이 아닌 본질에 집중

1) 학벌이 성공과 행복을 보장하지 않는 시대

한국 사회는 오래 전부터 학벌과 성적을 중요하게 생각해왔다. 좋은 학교를 졸업하고 뛰어난 성적을 거두는 것은 미래의 성공과 행복을 얻는 길이라고 여겨졌다. 그러나 오늘날의 세상은 그렇지 않다.

세상이 바뀌었다. 이제 공부 좀 못한다고 헐벗고 굶주리지 않는다. 마음 먹기에 따라 명문대를 나온 이보다 더 부자가 되거나 즐겁게 인생을 살 수 있는 세상이다. 예전에도 그랬지만 요즘은 더욱 그러하다. 명문대 나왔다고 연봉이 크게 차이나는 것도 아니다. 명문대를 나와도 사회성이 떨어지면 가는 회사마다 적응 못하고 빌빌거릴 수 있다. 반면 대학교 대신 자신의 강점을 일찍 찾아서 연봉 1억, 또는 월 1억을 벌며 멋지게 사는 삶도 있다. 빠르게 변하는 세상에서 이런 일은 이제 주위에서도 쉽게 볼 수 있다. 저자 역시 명문대를 나오지 못했다. 그러나 소통과 호기심을 강점으로 학원 사업을 20년째 하고 있다. 앞으로 2025년에는 꿈의 숫자 월 매출 5천만 원을 목표로 하고 있으며 사옥을 세워 많은 사람들과 소통하고자 한다.

세상은 지식만으로는 채워지지 않는다. 성공과 행복은 더 복잡하고 다양한 요인들로 이루어진다. 예를 들어, 사회적인 네트워크, 커뮤니케이션 능력, 창의력, 문제 해결 능력, 도전정신 등이 더욱 중요한 역할을 한다.

우리는 자신의 관심사와 열정을 찾아야 한다. 무엇에 열정을 느끼고, 어떤 일을 하면 행복하고 만족하는지를 발견하는 것이 중요하다. 학교에서의 성적만으로는 자신의 진정한 재능과 가치를 발견하기 어렵기 때문이다. 혹여 실패했다고 좌절할 필요는 없다. 실패와 반복된 시행착오를 통해 우리는 성장하고 배우게 된다.

예를 들어 보자. 학교 시험에서 항상 1등을 하고, 꼴등도 없는 우수한 성적을 거두는 학생이 있다. 이 학생은 성적에 자신감이 넘치며, 미래에도 성공할 거라고 자부하는 모습을 보인다. 하지만 세상은 학교 성적만큼 단순하지 않다. 현실에서는 성적이 좋더라도 사회에서 성공하는 것이 보장되지 않는다. 성적이 좋은 학생이라도 사회에서 갈등이나 문제를 해결하는 데 어려움을 겪을 수 있다.

반대로 다른 학생은 학교에서 성적이 평균 이하일 수 있지만, 창의적인 아이디어로 문제를 해결하고 사람들과 원활하게 소통하는 능력이 뛰어날 수 있다. 이런 학생은 자기 주도적으로 능동적인 활동을 통해 성공하고 행복을 느낄 수 있다.

소위 명문대에 다니는 학생들을 상대로 설문조사를 했더니 '나의 십대는 불행했다'라는 대답이 50%가 넘었다고 한다. 이게 현실이다.

이제 세상에서 필요한 능력은 무엇일까? 바로 자기 인생을 즐길 수 있는 능력, 즉 일상에서 재미를 찾고 의미를 만들어내는 능력이다. 더 중요한 것은 자신의 열정과 재능을 발견하고, 어려움을 극복하며, 변화에 적응하는 능력이다. 그리고 항상 자신을 사랑하고 자기 자신을 믿는 마음가짐을 갖추어야 한다.

성공과 행복을 찾는 여정은 개인에 따라 다르다. 각자의 인생은 고유하며, 다른 사람들과 비교하거나 다른 기준으로 측정해서는 안 된다. 우리는 자신의 내면을 듣고, 자기 자신을 존중하며, 스스로에게 충실해야 한다.

세상은 불확실하고 변화무쌍하다. 그래서 우리는 변화에 적응하고, 새로운 것을 배우며, 새로운 기회를 발견해야 한다. 끊임없이 성장하고 발전하는 자세가 성공과 행복으로 이끌어줄 것이다.

2) 그럼에도 공부해야 하는 진짜 이유

우리는 공부를 왜 하는 걸까?

우리는 우리 삶의 방관자가 아니잖아.

우리 인생을 나락에 빠뜨리는 것도 '나'요.

나락에서 건져내서 성공으로 이끌어가는 것도 나 자신이다.

내가 왜 공부하는지 모르면 그 공부는 왜 하냐는 거지.

공부는 남의 시선 때문에 어쩔 수 없이 하기 힘들어

누가 하라고 해서가 아니라

남들이 하니까가 아니라

공부하는 이유는 딱 한 가지

내가 나를 사랑하니까

나에게 좋은 걸 베풀어 주고 싶어서

적어도 학력 때문에 앞으로 나의 평생의 인생이

'너 어느 대학 나왔어'

사람들이 바라보는 비스듬한 시선에 서럽지 않기 위해서

내가 나를 사랑하니까 더 당당해지기 위해서

적어도 거대한 자본주의 톱니바퀴 속에서

찰리 채플린 무성 영화처럼 대체 가능한 구성품이 아니라

다른 사람으로 언제든지 대체되고 버려지고 도태되는 게 아니라

대체 불가능한 사람이 되기 위해서

그럼 대체 불가능한 사람이 되기 위해서 하는 공부가

그저 남들 적당히 하는 만큼

잘 거 다자면서 놀 거 다 놀아가면서 쉴 거 다 쉬어가면서는 못할 거 같거든.

- 이지영쌤 강의중 -

인터넷 강의 강사이자 유튜버인 이지영 쌤의 '왜 공부를 해야 하는가?' 영상이 저자의 마음을 대변해주는 것 같다. **'대학교의 간판이 성공과 행복을 보장해주지 않음에도 공부를 해야 하는 이유가 무엇인가?'** 라는 질문에 여러분은 어떻게 대답할 것인가? 라는 내용이었다.

자신이 어떤 사람인지 알고, 자신이 진짜 원하는 것을 찾고 세상이 만들어 놓은 표준이 아닌 자신이 가치 있다고 생각하는 것을 스스로 찾아가는 것이 진짜 공부다. 그 과정에서 이미 자신의 길을 찾은 사람들, 많은 문제에 대한 타인의 치열한 고민과 성찰을 참고하고 비판적 숙고하는 것이 도움이 될 수 있다.

아이가 공부를 왜 해야 하는지 모르겠다고 푸념할 때 단지 공부하기 싫어서 부리는 억지라고 단정 짓지 말자. '학생의 신분으로 그저 열심히 공부하기만 하면 된다'라는 논리도 없는 윽박지름은 금물이다. 어떤 행동도 '아무 생각 없이' 열중할 수는 없기 때문이다.

어느날 고1 지아를 코칭했을 때 일이다. 영어가 4등급인 지아에게 어떤 직업을 갖고 싶은지 물어보았다.

"지아야, 넌 어떤 직업을 갖고 싶니?"

"애완미용사요."

"그렇구나. 그런데 만일 전과목이 1등급이라면 어떤 직업을 갖고 싶어?"

"당연히 수의사죠."

눈이 초롱초롱해지면서 당연한 걸 왜 묻느냐는 듯이 눈을 깜박였다.

"근데 영어 점수가 낮아서 힘들어요."

"지아야. 영어를 안 하는 거니? 못하는 거니?"

그러자 한참을 생각하더니 고개를 푹 숙이며 "안 한 것 같아요" 라고 대답했다.

"안 한 거라면 이제부터 제대로 하면 되지 않을까. 네 진짜 꿈이 수의사라면 말이야. 현재 너의 점수가 진짜 네가 아니란 걸 말해주고 싶구나. 아직 기회가 있는데 낮은 성적 때문에 꿈을 바꾸는 안타까운 일이 없으면 해."

말이 떨어지자마자 지아는 눈물을 쏟아냈다. 자신의 현재 성적이 바로 미래의 내 모습이라고 단정 짓고 공부를 제대로 하지 않은 것이었다. 이후 지아는 다른 사람이 되었다. 내가 왜 공부해야 하는지 아무도 이유를 알려주지 않았다며 감사하다고 했다. 2년 후 지아는 원하는 대로 수의사가 되었다.

대학교와 학벌이 성공과 행복을 보장해주지 않는다고 했다. 그럼에도 우리 아이들이 공부하는 이유는 공부가 목표를 이루는 데 도움을 주기 때문이다. 아이에게 공부하는 이유를 설명해주는 것은 매우 중요하다. 옆집 아이와 비교 당하기 싫어서 공부하는 건 의미가 없다. 내가 정말 좋아하는 일을 하기 위해 필요한 과정이기 때문에 공부해야 함을 인지시켜주자. 가장 좋은 방법은 그들이 얻을 수 있는 혜택을 강조하는 것이다.

그러나 아무리 노력해도 아이가 공부하지 않는다면 어떻게 해야 할까?
너무 다그칠 필요 없다. 공부도 재능이다. 공부 잘하는 누구와 비교하며 굳이 아이 자존감을 죽일 필요 없다. 아이 기질을 알고 아이 강점을 파악했다면 더 이상 공부해라, 마라 실랑이를 벌일 이유가 없다. 기다려라. 공부가 아닌 다른 쪽에 관심을 갖고 지지해주면 된다.

아이가 공부 대신 예체능 쪽에 재능이 있다면 그쪽으로 밀어주면 된다. 공부가 인생의 전부가 아니다. 아이를 존중하고 자유롭게 해 준 엄마는 결과적으로 가장 큰 것을 얻는다. 아이의 높은 자존감이다. 시험 때마다 성적표에 나오는 숫자에 흥분하는 엄마 대신 믿어주고 지지해주는 엄마가 되어보자. 덕분에 아이는 주눅 들지 않고 밝게 자란다. 그리고 높은 자존감과 자율성은 평생 살아가는 밑천이 된다.

3) 누구는 이렇게 해서 1등급 됐다던데

어느 집의 아이가 '이렇게 해서 1등급을 받았다'라는 소식은 부모들 사이에서 항상 큰 관심을 끌기 마련이다. 하지만 왜 우리 아이에게는 그 비결이 적용이 안 되는지 화가 난다. 그렇다면 이유가 무엇일까? 하나씩 짚어보기로 한다.

우선, 모든 아이들이 동일한 방식으로 학습하지 않는다. 다시 말해 각 아이들마다 학습하는 방식과 특성이 다르다. 나한테 맞는 학습법이 따로 있다는 것이다. 따라서 어느 집 아이가 1등급을 받았다고 해서 그 방식이 모든 아이들에게 적용되는 것은 아니다. 물론 공통적으로 적용되는 부분은 분명히 있다. 이 부분은 심화에서 좀 더 살펴보기로 한다.

학습 능력 외에도 환경적인 요소가 큰 영향을 미친다. 예를 들어, 어떤 아이는 학교에서 불안정한 상황을 겪고 있거나 가정에서의 어려움으로 인해 집중력이 떨어질 수 있다. 이런 경우에는 1등급을 받은 아이의 비결이 적용되지 않을 가능성이 높다.

또한, 어떤 아이들은 특별한 장점이나 흥미를 가지고 있어 다른 아이들과는 다른 학습 방식을 필요로 한다. 이러한 아이들은 일반적인 학습 방식으로는 적절한 지원을 받기 어렵다. 따라서 그 아이들에게는 독자적인 학습 방식이 필요하다.

마지막으로, 학습 능력은 유기적인 것이다. 즉, 언제든지 변할 수 있다. 따라서 어느 집의 아이가 1등급을 받았다고 해서 그것이 영구적인 것은 아니며, 그것을 유지하기 위해서는 학습 노력과 환경적인 지원이 계속해서 필요하다.

결론적으로, 아이에게 맞는 적절한 학습 방식과 환경적인 지원을 제공하는 것이 중요하다. 개별적인 학습 계획과 방법을 세워주는 것이 가장 좋다. 즉, 최적의 학습 방식을 찾아 나가는 것이 필요하다.

4) 진짜 내 아이 맞춤 학습

학습법은 각자의 개성과 특징에 맞춰져야만 최대한의 효과를 발휘할 수 있다. 하지만 가끔씩 학부모나 교사들이 자신의 경험이나 노하우에 따라, 자신이 추천하는 학습법을 강요하곤 한다. 이러한 경우, 아이에게 맞지 않는 학습법은 독이 될 수 있다.

먼저, 불필요한 스트레스와 불안감을 느끼게 되어 학습 의욕을 잃게 된다. 이는 성적 저하와 학습 방해 요소가 된다. 또한, 맞지 않는 학습법으로 인해 자신감을 상실하고, 학습에 대한 불안과 두려움을 갖게 될 수 있다. 이러한 부정적인 감정들은 결국 학업 성과와 인생 전반에 대한 자신감과 성공에 영향을 미친다.

활발한 기질의 자녀에게는 활동적인 학습법이 적합하다. 이들은 학습 과정에서 역할극이나 게임을 활용한 학습법을 선호하며, 수학 문제를 푸는 대신 미술 활동이나 스포츠 활동 등 물리적인 활동을 통해 배우는 것을 선호한다. 엄마는 이들의 흥미를 유발하며, 학습에 필요한 자료와 도구를 제공하여 자녀가 쉽게 이해하고 적용할 수 있도록 도와주면 된다.

반대로 조용한 기질의 자녀에게는 정적인 학습법이 적합하다. 이들은 책을 읽거나 스크랩북을 만드는 등의 활동을 통해 내면적인 세계를 탐구하는 것을 선호한다. 엄마는 이들의 호기심을 자극하여 책을 읽게 하거나, 아름다운 그림을 그리는 등의 활동을 통해 자녀가 자신의 내면을 탐구하도록 도와주도록 한다.

아이에게 맞지 않는 학습법은 또한, 과도한 압박과 부담을 느끼게 하고, 흥미를 잃게 만든다. 이로 인해 과목에 대한 관심을 잃고, 학습에 대한 동기 부여를 잃어버린다. 이러한 부정적인 영향은 결국 성적 하락으로 이어지게 된다.

따라서, 아이가 학습에 있어서 가장 효과적인 방법을 찾기 위해서는, 그들의 개성과 특성에 맞는 학습법을 찾아보는 것이 중요하다. 교사나 학부모는 아이가 어떤 학습 방식을 선호하는지, 그리고 어떤 방법으로 가장 잘 이해하고 습득하는지 관찰하고, 그에 맞는 학습 방법을 제공해야 한다. 방법을 모르겠다면 저자에게 연락하면 된다.

아이가 스스로 학습하는 방법을 찾을 수 있도록 도와주고, 그들의 학습 방식을 존중하고 이해하는 것이 중요하다. 그렇게 함으로써, 아이는 흥미와 자신감을 갖고, 효과적인 학습을 할 수 있게 된다.

예를 들어, 아이가 시각적인 학습 방식을 좋아한다면, 그들에게 그림이나 색으로 정보를 시각적으로 표현하는 방법을 제공해 줄 수 있다. 반대로 청각적인 학습 방식을 좋아한다면, 음악이나 노래를 활용하여 정보를 습득하는 방법을 추천해줄 수 있다.

또한, 공부하는 시간과 방법을 조정해줄 필요도 있다. 과도한 압박과 부담으로 인해 학습에 대한 흥미를 잃은 경우, 적절한 휴식과 취미 생활을 통해 아이의 관심과 열정을 다시 찾아줄 필요가 있다. 공부하기 좋은 환경을 조성하고, 집중력을 유지할 수 있도록 지원해 줄 필요도 있다.

마지막으로, 맞지 않는 학습법을 강요하기보다는 선택의 폭을 제공하는 것이 중요하다. 아이가 스스로 학습 방법을 선택하고, 그 방법으로 학습하면서 성취감과 자신감을 느끼게 된다. 이러한 성취감과 자신감은 학습에 대한 긍정적인 피드백이 된다.

또한 기질과 성향이 어떠냐에 따라 그 학습법이 장점이 될 수 있고 단점이 될 수 있다. 아이가 내향적이고 소심해서 여럿이 공부하는 것보다는 혼자서 조용히 공부하는 것을 좋아하는 성향이라면 아무리 날고 기는 명강사의 강의라 해도 아이에게는 맞지 않는 수업이 될 것이다.

따라서, 교사나 학부모는 아이의 개성과 특성을 고려하여, 그들에게 맞는 학습 방법을 제공해 주어야 한다. 아이가 스스로 학습 방법을 찾을 수 있도록 도와주고, 그들의 학습을 적극적으로 지원해 주는 것이 중요하다. 이러한 방법으로, 효과적인 학습을 할 수 있고, 높은 자신감과 성과를 얻을 수 있다.

잘 모르겠다면 간단하고도 쉬운 방법이 있다. 바로 전문가를 찾아가서 조언을 얻는 것이다. 아이를 위한 일에 노력을 아끼지 말자. 평생을 좌우하는 일이 될 수 있다.

5) 강점으로 공부도 재미나게

수많은 정통 공부법이 내 아이에게 맞지 않은 이유가 무엇일까? 20년 간 영어교육자로 학습재능경영 코치로 많은 아이들과 부모들을 만나왔다. 특히나 산만한 아이들이 있다. 집중력도 짧고 쓸데없는 질문이 많고 시끄 럽다고만 생각했었다. 그러나 호기심이 많고 사교적이며 이성적이라는 강 점에 집중하니 그 아이들을 바라보는 내 시선과 행동이 달라졌다. 맨날 혼 나기만 했던 아이가 선생님께 인정받으니 공부할 맛이 난다고 했다. 집에 서도 스스로 공부하는 모습 보고 놀랐다며 어머님이 전화까지 주셨다.

가정에서도 마찬가지다. 아이의 약점 대신 강점에 집중하니 남편과 아 이가 이뻐 보이고 말투가 부드러워진다. 가정의 분위기가 달라지니 아이 들은 살맛이 난다. 엄마가 억지로 공부하라고 하지 않아도 스스로 공부하 게 되는 기이한 현상이 일어나게 된다.

위에서 말한 강점찾기 5단계를 통해 아이의 강점이 무엇인지 제대로 파악되었다. 아직 모르겠다고 해서 너무 걱정할 필요 없다. 아이의 강점이 도드라지게 발현되는 경우도 있지만 조금 느리게 발현되는 경우도 있다.

사춘기에도 사이 좋은 부모와 자식 관계, 그리고 스스로 공부하는 내 아이들...

이게 쉽냐고 반문할지도 모르겠다. 하지만 실제로 이런 일은 내 주변 에서도 많이 일어나는 일이다. 먼저 저자가 경험했고 나의 학생들 그리고 내담자들의 많은 결과가 말해주고 있다.

6) 내 아이 학습유형 간단 테스트(행동형, 감성형, 계획형, 궁금형)

EBS 학습유형검사 진단
https://www.ebsi.co.kr/ebs/xip/learnStyle/
learnStyleHome.ebs

분류	업체명(홈페이지)	검사 유형 및 비용
중등	엠베스트 www.mbest.co.kr	학습전략, 학생성향, 학과계역선정 검사 (1만~1만8,000원)
	에듀클럽 www.educlub.com	학습유형검사(9,900원)
	크레듀엠 www.credum.net	진로적성검사(1만6,000원)
	공부와락 www.gongbuwarac.com	신학기적응, 대인관계, 학습전략, 학습환경 검사(각 1만 원)
	프리먼트 www.mbest.co.kr	특목고적합도, 학과계열선정 검사 (9,000~1만8,000원)
	유웨이엠 www.mbest.co.kr	특목고적합가능성, 성격진로, 전공선택, 초등종합 검사(1만~2만원)
고등	이투스 www.mbest.co.kr	간편진로적성, 심층전공선택 검사 (무료~1만6,000원)
	메가스터디 www.mbest.co.kr	커리어진로, 계열선택, 전공선택 검사 (무료~1만6,000원)
전문기관	한국가이던스 심리학습 연구소 www.mbest.co.kr	오프라인 상담시 5만 원 추가
	한국심리검사연구소 www.mbest.co.kr	10인 이상 단체 오프라인으로만 검사
	테스트오케이 www.mbest.co.kr	오프라인 상담시 5만 원 추가

저자는 20여 년 동안 수많은 아이들을 학습 코칭하면서, 학습적인 면에서 성향을 정리해 보았다. 이는 큰 범주로 정리한 것으로 참고해주면 좋겠다.

<학습성향 4가지 대표 유형>

행동형 (Action-Oriented)

감성형 (Emotion-Oriented)

계획형 (Plan-Oriented)

궁금형 (Curiosity-Oriented)

다시 한 번 강조하지만 아이들을 몇 가지 유형으로 규정짓는 것은 굉장히 위험한 일이다. 아이들에게 두드러지게 보이는 부분이 있을 것이고 또 적게 나타나는 성향도 있을 것이다. 중요한 것은 우리 아이들을 이해하고 또 이해해 보려는 마음이다. 우리 아이들은 아직 미성숙하다. 어른들처럼 언어로 표현하는 것이 익숙지 않다. 따라서 아이들 행동의 언어를 관심으로 살펴보는 것이 중요하다.

다음은 〈내 아이 학습유형〉 파악을 참고하기 위한 간이 테스트이다. 아이와 하나씩 체크해가면서 소통하는 시간을 갖기를 바란다. 각 질문에 대해 사용자는 "매우 그렇다 (4점)", "그렇다 (3점)", "아니다 (2점)", "매우 아니다 (1점)" 중 하나를 선택한다.

이는 참고용으로 정확한 정보를 위해서는 반드시 기질,성향 정식 검사를 받기를 권장한다.

1. 학습을 할 때 나의 접근 방식은 어떤가요?

 a) 즉각적으로 실제로 시도해보며 배우는 것을 좋아합니다.

 b) 좋아하는 선생님에게 칭찬이나 관심을 받으면 매우 큰 학습동기
 가 됩니다.

 c) 계획을 세우고 단계적으로 진행하는 것이 편합니다.

 d) 호기심에 이끌려 새로운 것을 탐구하는 것을 좋아합니다.

2. 학교나 학습 환경에서 가장 선호하는 학습 방식은 무엇인가요?

 a) 활동적이고 체험을 중심으로 한 수업이 좋습니다.

 b) 감정적 연결과 이야기가 있는, 협업과 소통하는 수업이 좋습니다.

 c) 구조적인 수업과 과제를 통해 학습하는 것이 좋습니다.

 d) 실험이나 실습을 통해 직접 경험하고 배우는 것이 좋습니다.

3. 학습 시간을 지정할 때 어떤 방식을 선호하나요?

 a) 짧은 시간 동안 집중해서 진행하는 것을 선호합니다.

 b) 유연하고 개별적인 학습시간을 선호합니다.

 c) 목표를 세우고 그에 맞는 일정과 계획을 세우는 것을 선호합니다.

 d) 새로운 것에 호기심을 가지고 시간을 투자합니다.

4. 학습할 때 가장 큰 동기부여를 주는 것은 무엇인가요?

 a) 성공적으로 무언가를 완료하는 것에 대한 성취감입니다.

 b) 자신의 감정과 경험을 나누고 공감받는 것에 대한 성취감입니다.

 c) 계획한 목표를 달성하는 것에 대한 만족감입니다.

d) 호기심을 충족시키는 새로운 경험에 대한 흥미입니다.

5. 공부를 할 때 주변 환경이 어떤가요?

a) 다른 사람들과 함께 공부하거나 활동적인 환경이 좋습니다.

b) 예술, 음악, 문학 등과 관련된 활동과 자료가 많은 환경을 선호합니다.

c) 조용하고 정돈된 환경을 선호합니다.

d) 새로운 장소나 환경에서 공부하는 것을 좋아합니다.

6. 학습 자료를 처음 접할 때, 나의 반응은 어떤가요?

a) 그림이나 이미지를 통해 시각적으로 확인하는 것을 좋아합니다.

b) 글이나 문장으로 된 설명을 읽어보는 것을 선호합니다.

c) 자료를 정리하고 구조화하는 것이 도움이 됩니다.

d) 새로운 아이디어와 관련성을 찾아보는 것을 좋아합니다.

7. 새로운 과목이나 주제에 대해 학습할 때, 나의 태도는 어떤가요?

a) 호기심을 갖고 새로운 것을 배우려고 노력합니다.

b) 자신과 감정적으로 연결하고 자극을 통해 내적으로 이해합니다.

c) 계획을 세우고 체계적으로 학습하는 것을 선호합니다.

d) 재밌고 관심 있는 분야라면 호기심을 충족시키는 학습을 통해 지식을 습득합니다.

8. 학습 활동에서 가장 큰 어려움을 느끼는 부분은 무엇인가요?

a) 이론적인 개념을 이해하는 게 어렵습니다.

b) 이성적이거나 추상적인 개념을 이해하는 데 어려움을 느낍니다.

c) 계획을 세우는 데 너무 많은 시간이 걸리고 계획이 무너지면 스트레스를 심하게 받습니다.

d) 장기 집중력이 약합니다.

9. 학습 과정에서 스트레스를 감소시키기 위해 어떤 방법을 사용하시나요?

a) 활동적인 운동이나 휴식을 통해 스트레스를 해소합니다.

b) 자기 집중력을 높이기 위해 명상이나 집중 기법을 사용합니다.

c) 계획을 세우고 일정을 지켜나가며 스트레스를 감소시킵니다.

d) 호기심을 충족시키는 새로운 학습 활동을 통해 스트레스를 해소합니다.

10. 학습에 있어서 가장 중요하다고 생각하는 가치는 무엇인가요?

a) 실제로 경험하고 행동을 통해 배워야 한다고 믿습니다.

b) 자기 표현과 공감입니다.

c) 계획적이고 체계적인 학습이 가치 있다고 믿습니다.

d) 호기심을 갖고 끊임없이 새로운 것을 탐구해야 한다고 믿습니다.

11. 부모님과 시간을 보낼 때, 나의 태도는 어떤가요?

a) 기분이 좋거나 필요한 경우만 대화를 좋아합니다.

b) 부모님과 함께 시간을 보내는 것을 중요하게 생각합니다.

c) 일정한 시간을 정한 후 만나는 것을 선호합니다.

d) 부모님과 새로운 장소를 방문하거나 새로운 경험을 하는 것을 좋아합니다.

12. 친구와 함께 놀 때, 선호하는 활동은 무엇인가요?

a) 함께 활동을 즐기거나 스포츠를 하는 것을 좋아합니다.

b) 친구들과 대화를 나누는 것을 중요하게 생각합니다.

c) 계획된 일정에 따라 함께 활동하는 것을 좋아합니다.

d) 새로운 장소나 경험을 함께 탐험하는 것을 좋아합니다.

13. 부모님이나 친구와 갈등이 생겼을 때, 나의 대처 방식은 어떤가요?

a) 함께 문제를 해결하고 해피엔딩을 찾으려고 합니다.

b) 상대방의 의견을 듣고 공감하는 것이 중요하다고 생각합니다.

c) 갈등을 해소하기 위해 대화와 협의를 통해 문제를 해결합니다.

d) 원만히 해결하고자 노력하고 이 또한 성장과 학습의 기회로 생각합니다.

14. 친구들과 놀 때, 나의 역할은 무엇인가요?

a) 즐거운 분위기 조성과 다른 사람들의 흥을 돋우는 역할을 좋아합니다.

b) 친구들의 감정을 이해하고 지지해주는 역할을 중요하게 생각합니다.

c) 계획과 일정에 따라 모임을 주선하고 준비하는 역할을 선호합니다.

d) 새로운 아이디어와 도전적인 활동을 제안하는 역할을 좋아합니다.

15. 주말에 나는 어떻게 시간을 보내고 싶나요?

a) 친구들과 함께 모임을 갖고 새로운 장소를 탐험하고 싶습니다.

b) 가족과 함께 시간을 보내며 따뜻한 가족 모임을 즐기고 싶습니다.

c) 계획을 세우고 목표를 이루는 시간을 가지고 싶습니다.

d) 새로운 취미나 관심사를 탐구하고 배우는 시간을 가지고 싶습니다.

16. 주로 어떤 유형의 책을 선호하나요?

a) 모험과 스릴을 담은 소설이나 여행 기록을 좋아합니다.

b) 가족이나 인간관계에 관련된 이야기가 담긴 소설이나 에세이를 선호합니다.

c) 자기계발이나 비즈니스 관련 책이나 자기관리 서적을 선호합니다.

d) 과학, 역사, 철학 등 다양한 분야의 지식을 담은 책을 좋아합니다

17. 평소 시험 대비를 어떻게 하나요?

a) 실제 시험과 유사한 상황에서 반복적으로 시험을 치르는 것이 도움이 된다고 느낍니다.

b) 좋아하는 선생님과의 소통이나 관심을 받는 것이 시험 공부에 동기부여가 됩니다.

c) 계획적으로 스케줄을 조절하고 시간 관리를 철저히 하여 시험 대비를 진행하는 것이 편리합니다.

d) 시험과 관련된 새로운 주제를 탐구하고 학습하는 것이 도움이 된다고 느낍니다.

18. 이성친구가 생긴다면 어떻게 소통하고 싶나요?

a) 상대방과 함께 새로운 주제를 탐구하며 호기심을 가지고 대화하고 싶습니다.

b) 서로의 감정과 경험을 공유하며 감정적으로 연결되면 좋습니다.

c) 대화를 계획적으로 이끌어가는 것이 더 효과적이라고 생각합니다.

d) 상대방과 함께 활동을 하며 자연스럽게 소통하는 것이 더 좋다고 느낍니다.

19. 미래 진로를 고려할 때, 중요하게 생각하는 부분은 무엇인가요?

a) 다양한 직업 분야를 탐구하며 호기심에 따라 선택하고자 합니다.

b) 자신의 감정과 관심사에 맞춰서 미래 진로를 결정하려 합니다.

c) 명확한 계획과 목표를 가지고 미래를 계획하려 합니다.

d) 미래에 대해 궁금한 것들을 탐구하며 새로운 분야를 찾고자 합니다.

20. 행복하고 멋진 삶은 무엇일까요?

a) 다양한 경험과 모험을 즐기며 새로운 것을 탐험하는 것이 중요합니다.

b) 가족과 친구와 함께 소중한 시간을 보내며 감정적으로 풍요로운 삶을 살고자 합니다.

c) 목표를 달성하고 성취, 자아실현을 이루는 것이 멋진 삶의 중요한
  요소입니다.

d) 호기심과 배움을 통해 지적으로 성장하고 새로운 지식과 경험을
  쌓는 것이 멋진 삶을 만드는 데에 중요하다고 생각합니다.

a가 많으면: 행동형 기질
b가 많으면: 감성형 기질
c가 많으면: 계획형 기질
d가 많으면: 궁금형 기질

4가지 학습유형 특징

1) 행동형 아이들(기본욕구 : 자유)

- 활동적이고 즉흥적이며 계획성이 부족함
- 관습이나 규칙에 얽매이거나 지시나 통제받는 것을 싫어함
- 경쟁적이고 모험적이며 변화와 자극적인 것을 좋아해서 매일 반복되는 일에 쉽게 싫증을 내거나 경험을 통해서 성장함
- 에너지를 충분히 발산할 수 있는 동적인 활동을 선호
- 똑똑하고 재미난 스타일
- 아이디어가 풍부
- 마음 먹으면 엄청난 열정으로 공부
- 뛰어난 창의성과 언어력
- 맘먹으면 전교1등이지만 맘을 잘 안 먹음
- 언어영역은 잘하는데 수학은 못함.

교육 팁: 손과 맘을 쓰는 체험을 많이 할 수 있도록 도와줄 것.
경쟁을 통해 성장, 그럴 때 자신감도 올라가고 리더십 향상.
본인만의 세계관이 워낙 뚜렷하기 때문에 듣는 훈련이 필요.
상대방 말 경청이 어려운 아이들이므로 부모님과의 대화가 좋다.
어려운 책보다는 쉬운 책을 정확하게 끝까지 읽는 습관과 재미와 흥미를 유발시키는 것이 중요하다.

2) 계획형 아이들 (기본욕구: 책임)

- 신중하고 꼼꼼하게 계획을 세워 성실하게 공부함
- 아침에 일어나면 오늘 해야 할 일이 무엇인지를 검토하며 빠뜨리지 않고 수행
- 늘 자신의 행동을 되돌아보며 부족한 점이 발견되면 반성하는 편
- 반복적인 학습을 통해 성장하며, 소극적이고 소심하여 정적인 활동을 선호
- 규칙을 잘 따르는 친구들, 완벽주의적 성향
- 틀리는 것에 민감
- 새로운 것 < 안정적인 것
- 꼼꼼하고 틀리는 것을 싫어하는 신중한 성격
- 영어말하기 등 즉흥적인 부분은 부족
- 스트레스에 취약하다.
- 동기부여가 스스로 되는 친구들이기 때문에 스트레스도 그만큼 많이 받고 취약하다.

교육 팁: 많은 격려, 안정감, 코칭을 많이 해주면 해줄수록 좋다.

학습 의지가 있는 친구들이다. 감정을 자제하는 편.

감정 표현이 적다고 몰아세우지 말 것.

숲 전체를 보는 통찰력, 훈련이 필요(목차 암기)

학습 목적과 목표 이해 필요

응용 문제 풀이를 다양하게 경험시킨다.

친구들과 시간을 보내도록 해준다. 친구들이랑 어울려 노는

것이 시간낭비가 아님을 인지시킨다.

3) 감성형 아이들 (기본욕구: 인간성)

- 자신이나 타인에 대한 배려와 이해심이 깊음
- 인격적인 관계를 중시하며 늘 조화롭고 평화로운 상황을 선호
- 마음이 여려 작은것에도 상처를 잘 받음
- 감정이 풍부하고 따뜻하고 친밀하며 자신을 알아주고 인정해주는
  환경에서 잘 성장
- 인간성과 관계성을 중요시
- 주변에서 흔하게 볼 수 있는 유형(수업의 50-60%)
- 부모님 말씀에 순종적이고 여린 성격(학습〈관계)
- 공감능력이 뛰어나 좋은 관계를 위해 노력하는 유형
- 책을 읽을 때 감정이입을 잘하며 상상력이 풍부
- 논리성은 낮다

교육팁: 좋은 관계 형성 중요

감정적인 인정

관계와 감정이 학업에 영향

얘기할 때는 강약을 조절해서 이야기한다.

사실이나 과학적 분야에 취약하므로 비문학 독서 추천

4) 궁금형 아이들 (기본욕구: 호기심 충족)

- 생각이 깊고 세상에 존재하는 것, 일어나는 일들의 원인과 법칙들에 대한 관심이 많음.
- 몇몇 관심 있는 분야에만 몰두하는 경향이 강하고 주로 동적이고 여럿이 하는 활동을 선호
- 수업시간에 엉뚱한 질문을 하는 유형: 질문법, 대화법 유용.
- 질문을 못하면 병이 나고 다음 진도를 나갈 수 없음.
- 열심히 하는데 점수는 잘 안 나옴.
- 똑같은 수업을 들어도 선생님이 중요하다는 것이 아닌 본인이 생각해서 중요하다고 생각하는 것을 공부하니 점수가 나오지 않음.
- 어떤 단어나 생각에 꽂히면 안드로메다로 넘어가는 아이들.

교육 팁:

- 호기심을 존중하고 격려하기
- 실험과 프로젝트 지원하기
- 아이가 묻는 질문에 가능한 한 정확하게 대답하기
- 자기주도학습 스킬 강화
  (정보를 찾고 분석하며 문제를 해결하는 능력을 강화시키기)
- 다른 사람의 의견과 관점을 존중하고 다양한 문화와 배경을 이해하도록 도와주기
- 아이의 진도를 모니터링하고 필요한 경우 피드백 제공해주기

2. 1등급 시크릿 : 기본과정

1) 사춘기 공부의 원동력 동기부여!

공부 동기부여(Academic Motivation)란 학습을 위해 노력하고 지식을 습득하려는 내적인 원동력을 의미한다. 사춘기는 학습과 학업에 있어서도 중요한 시기이다. 이때의 공부 동기부여는 다양한 요인에 영향을 받는다.

내재적 동기부여: 자기 개발과 성취에 대한 욕구가 강해지는데, 자기 주도적으로 공부하고 지식을 습득하려는 동기가 생길 수 있다. 예를 들어, 자신의 능력을 높이고 지적 호기심을 충족시키기 위해 공부하는 경우가 있다.

외부적 동기부여: 부모님이나 교사, 친구들로부터의 인정과 보상이 공부 동기부여에 영향을 줄 수 있다. 칭찬받거나 좋은 성적을 얻는 것에 대한 욕구가 활성화된다.

학교 환경: 교사의 가르침과 교육 방법, 학교의 분위기가 학습 동기부여에 영향을 미친다. 학교가 자기 주도적인 학습을 장려하고 자신을 인정해주는 환경이라면 더욱 긍정적인 학습태도가 형성될 수 있다.

자아 정체감: 동기부여와 서로 상호작용하며, 학생들의 학습태도와 학업 성취에 영향을 미친다. 따라서 학교와 가정에서는 학생들의 자아 정체감을 존중하고 지원하며, 내재적인 학습 동기를 촉진시키는 환경을 조성하는 것이 중요하다.

① 지은이는 중학교 2학년이다. 이전에는 성적이 우수하고 사회적으로 인정받는 학생이었지만, 사춘기의 변화로 인해 자아 정체감 뿐만 아니라 공부에 대한 태도와 동기부여도 변화했다.

- **외모:** 성장하면서 얼굴에 여드름이 생기기 시작하니 처음으로 머리를 자르고 새로운 스타일을 시도하는 등 외모에 대한 관심이 많아졌다.
- **정서적 변화:** 감정의 변동이 심해지며, 때로는 자기 자신에 대한 불확실성을 느낀다. 친구들과의 갈등이 있을 때는 자신을 찾기 어려워하고 우울해질 때도 있다.
- **친구들과의 관계:** 이어온 친구들과의 사이에 갈등이 생기고, 새로운 친구들과의 관계를 맺기 위해 노력하고 있다.
- **학교와 학업:** 예전처럼 학교 성적이 높지 않다. 자기 능력에 대해 더 많은 의문을 가지게 된다.
- **내재적 동기부여:** 지금까지는 학교에서 성적이 우수하면서 자신감을 갖고 공부했지만, 최근에는 어려움을 겪으면서 자기 주도적으로 공부하는 것이 어려워졌다. 하지만 꾸준한 노력으로 성장하고자 하는 욕구는 여전히 강하다.
- **외부적 동기부여:** 부모님과 교사의 인정과 격려가 지은에게 큰 영향을 준다. 인정받으면서 자신의 능력에 대한 확신을 얻을 수 있다.
- **학교 환경:** 학교에서 성취도를 인정해주고, 실패를 극복하도록 지원해주는 교사의 지도와 칭찬은 지은에게 동기부여를 주는 중요한 요소이다.

이제 각 학습유형별 동기부여에 대해서 이야기해 보고자 한다.

민준(행동형)

활동적이고 적극적인 성격을 가진 학생이다. 학교에서는 항상 적극적으로 수업에 참여하고, 친구들과 함께 공부하는 것을 좋아한다.

자아 정체감: 민준은 자신에 대해 높은 자신감을 가지고 있다. 자기가 무엇이든 잘할 수 있다고 믿으며, 적극적으로 도전하는 자아 정체감을 형성하고 있다.

공부 동기부여: 민준은 성과에 대한 자부심을 가지고 있으며, 자기 개발과 성장에 대한 욕구가 강하다. 그러나 과정보다는 결과에 집중하는 경향이 있다. 성공적인 결과를 얻기 위해 노력하고 자기 성취감을 높이는 것이 중요하다. 학습을 경험하고 활동적으로 참여할수록 좋다. 실제로 무언가를 해보는 것에 흥미를 느끼고, 성과를 달성하는 것에 동기를 얻는다. 학습을 위해 책을 읽거나 인터넷에서 정보를 찾는 것보다는 직접 경험하고 체험하는 것을 선호한다.

예를 들어, 새로운 요리법을 배울 때 직접 요리를 해보고 맛보면서 학습한다. 또한, 언어를 배우려면 친구와 함께 대화하면서 실제로 사용하는 것을 좋아한다. 과학 수업에서 실험을 직접 하면서 자연 법칙을 이해하는 것을 즐긴다. 또한, 학교 내 봉사활동에 적극적으로 참여하여 자발적으로 학습과 활동을 결합하는 것을 좋아한다.

시형(감성형)

감정 표현이 풍부하고 예민해 보이는 성격을 가진 학생이다. 다른 사람들과 감정적으로 연결되는 것을 좋아하며, 학교 생활에서 친밀한 관계를 맺는 것에 주력한다.

자아 정체감: 민감하고 다른 사람들과의 관계에서 자아 정체감을 형성한다. 친구들과의 관계를 통해 자신의 가치를 확인하고 인정받는 것이 중요하다.

공부 동기부여: 주변 사람들과의 관계와 호의적인 분위기가 공부 동기에 영향을 미친다. 친구들과 함께 공부하고 지원해주는 분위기에서 더욱 즐겁고 흥미로운 학습 환경을 만들 수 있다.

감성형 유형은 감정적인 측면에서 학습에 동기를 얻는다.

이들의 심리적 욕구는 대부분 감정적인 안정과 안락함을 추구하는 것이다. 따라서 자신의 감정을 잘 이해하고 받아들일 수 있어야만 안정된 삶을 살아갈 수 있다. 때문에, 자신의 감정에 대한 인식과 이해를 쌓아가는 것이 중요하며 부모님은 이들과 대화하면서 자신의 감정을 이해하는 방법을 알려주도록 한다.

마지막으로, 자신의 창의성과 감성적인 표현에 대한 욕구가 크다. 이들은 예술, 음악, 문학 등의 분야에서 자신의 창의성과 감성을 발휘하며, 이러한 활동을 즐긴다. 부모님은 이들의 창의성과 감성을 발휘할 수 있는 환경을 제공하고, 이들이 자신의 감정을 표현하고 발휘할 수 있도록 도와주는 것이 중요하다.

수아(계획형)

체계적이고 계획적인 성격을 가진 학생이다. 학교에서는 목표를 세우고 계획을 따라 달성하는 것을 중요하게 생각한다. 시험이 다가오면 미리 시간을 나누어 공부 일정을 세우고, 학습 자료를 체계적으로 정리하고, 주의 깊게 복습한다.

자아 정체감: 자기를 잘 조절하고 계획에 따라 성과를 얻는 것으로 자아 정체감을 형성한다. 목표를 달성하면서 스스로에 대한 인정을 받는 것이 중요하다.

공부 동기부여: 목표를 달성하기 위해 꾸준한 노력을 기울이며, 성과를 높이는 것에 대한 동기부여가 크다. 계획적으로 학습하고 성과를 확인하는 것이 공부 동기부여에 중요한 역할을 한다. 학습과정에서 명확한 목표를 세우고, 계획을 세우는 것을 중요시하며, 목표를 달성하는 것에 만족감을 느낀다. 학습에 대한 체계적인 접근을 선호한다. 시험을 앞두고 계획적으로 공부 스케줄을 짜고 일정을 지키면서 학습하는 것을 선호한다.

지우(궁금형)

호기심이 많고 창의적인 성격을 가진 학생이다. 새로운 것을 탐구하고 발견하는 것을 즐기며, 학교 생활에서 독창적인 접근을 선호한다.

자아 정체감: 자기 자신을 독특하고 창의적인 존재로 인식하며, 자아 정체감을 찾아가는 과정에서 호기심을 가지고 새로운 경험을 즐긴다.

공부 동기부여: 학습에 대한 호기심과 발견의 쾌감이 공부 동기부여에 큰 역할을 한다. 새로운 지식과 아이디어를 찾는 과정이 흥미로운 동기를 제공하며, 자기 계발을 위해 지속적으로 학습하고 발전하는 것에 몰두한다. 새로운 취미나 관심사를 발견하면 책이나 인터넷을 통해 자발적으로 관련 지식을 탐구하는 것을 선호한다.

2) 강점으로 학습능력 올리기

아이의 학습 능력을 높이기 위해서는 그들의 강점을 활용하는 것이 중요하다. 이를 위해서는 우선 아이의 강점을 파악하고, 그것을 향상시키기 위한 환경과 방법을 제공해 주어야 한다.

예를 들어, 아이의 강점이 언어 능력이라면, 읽기와 쓰기를 통해 학습을 진행하면 좋다. 아이가 좋아하는 주제나 관심사에 대한 책을 읽으면서 독해력을 높일 수 있고, 자신의 생각을 글로 표현하면서 글쓰기 능력을 향상시킬 수 있다.

또한, 아이의 강점을 발휘할 수 있는 경험을 제공하여 자신감을 키우고 창의성을 발휘할 수 있도록 해주는 것도 중요하다. 예를 들어, 그림을 그리거나 작문을 쓰는 공모전이나 대회에 참가하면 자신의 강점을 뽐내며 성취감을 느낄 수 있다.

따라서, 아이의 강점을 파악하고 그것을 활용하여 학습을 진행하며, 아이가 자신감을 느끼고 창의성을 발휘할 수 있는 경험을 제공하는 것이 아이의 학습 능력을 올리는 데에 큰 도움이 된다.

스포츠에서도 약점이 아닌 강점에 집중했을 때 나타나는 결과는 독보적이다. 2007년 말 한국 야구에 제리 로이스터(Jerry Royster)라는 외국인 감독이 부임했다. 그는 7년 간 부진한 성적을 거둬 패배주의에 찌든 롯데 자이언츠를 맡아 3년 연속 4강에 올려놓는 기적을 연출했다. 그는 선수가 가진 단점을 보완하기보다는 장점을 최대한 활용했다. 번트를 비롯한 감독의 작전에 의존하는 세밀한 야구 대신 장타를 선호하는 메이저리그 식

'빅볼'을 선보이며 구도(球都) 부산 팬들의 열광적인 지지를 이끌어냈다.

그는 항상 선수들에게 "롯데는 강팀이며 실패를 두려워하지 말라"면서 자신감을 심어줬다. 선수들의 단점에만 집중하고 엄격히 훈육하고 조련한다는 이미지가 강한 국내 지도자들과 달리, 그는 선수들을 잘 관찰하고 그들이 가진 강점에 집중하여 자신의 역량을 발휘할 수 있도록 보조하는 역할에 주력했다. 선수들의 개별 훈련이나 게임 운영에도 크게 간섭하지 않고 선수들을 완전히 믿고 맡겼다. 덕분에 롯데 팬들이 조금씩 성금을 모아 신문에 연임 지지 광고를 낼 정도로 로이스터의 지지도는 매우 높았다.

세계 최고의 축구 선수에게 부여하는 역대 최다 수상자이자 FIFA 올해의 선수상을 최다 수상한 선수는 누구일까? 바로 리오넬 메시이다. 메시는 키가 170㎝로 축구선수로서는 신체 조건이 상대적으로 불리했다. 그러나 어떻게 세계적인 선수가 될 수 있었을까? 비결은 바로 자신의 강점인 왼발에 집중했기 때문이다. 일반적인 축구 선수라면 양발을 최대한 사용하려고 노력하거나 연습을 통해서 약한 쪽을 강하게 만들려고 노력한다. 하지만 메시는 달랐다. 오히려 그는 더 극단적으로 왼발을 사용했다.

일본 경영의 신이라고 불리우는 마쓰시타 고노스케는 이렇게 말한다.

"인생 성공 비결은 자신의 개성과 장점을 관리하는 것이고 강점을 관리하는 것은 자신의 인생을 가치 있게 만들 수 있다. 그렇지 않으면 반드시 자신의 인생을 평가절하하게 될 것이다."

<학습성향별 강점 활용방법>

| 행동형

강점: 실제로 경험하고 체험함으로써 빠르게 학습할 수 있다.

학습 방법: 학습 내용을 바로 실전에 적용하고 실습을 통해 학습하며, 실험과 활동을 통해 주체적으로 학습한다.

강점 활용 방법: 실제로 경험하고 체험하는 것을 선호한다. 따라서 학습 내용을 실전에 적용하고 실습을 통해 학습하면 효과적이다. 학습 과정에서 다양한 실험과 활동을 통해 주체적으로 학습을 진행하면, 더욱 적극적으로 참여하고 학습에 흥미를 느끼게 된다. 학습 과정에서 실제적인 경험을 늘려나가는 것을 목표로 삼는다.

| 감성형

강점: 감정적인 연결을 중요시하여 학습에 대한 흥미와 참여도를 높일 수 있다.

학습 방법: 주변 환경과 사람들과의 감정적인 상호작용을 통해 학습 동기부여를 얻으며, 자기 자신의 감정과 관심사를 학습과 연결시키는 방법으로 흥미를 유발한다.

강점 활용 방법: 감성형 학습자는 감정적인 연결을 중요시하여 학습에 대한 흥미와 참여도를 높일 수 있다. 학습 과정에서 선생

님의 열정적인 강의나 칭찬, 격려에 민감하게 반응하므로, 선생님과의 긍정적인 관계를 유지하면 좋다. 또한, 자기 자신의 감정과 관심사를 학습과 연결시켜서 자기 주도적으로 학습 주제를 선택하면 더욱 흥미롭게 학습할 수 있다.

| 계획형

강점: 체계적인 계획을 세우고 목표를 설정하여 목표 달성에 집중할 수 있다.

학습 방법: 명확한 목표와 계획을 설정하고, 학습 스케줄을 체계적으로 관리하여 일정을 지켜가며 학습한다. 학습 내용을 체계적으로 정리하고 복습을 통해 학습 효과를 높인다.

강점 활용 방법: 계획형 학습자는 체계적인 계획을 세우고 목표를 설정하여 목표 달성에 집중한다. 명확한 학습 목표와 계획을 세우고, 학습 스케줄을 체계적으로 관리하면서 일정을 지켜나가는 것이 중요하다. 학습 내용을 정리하고 복습을 통해 학습 효과를 높이며, 목표를 달성하는 데에 만족감을 얻을 수 있다.

| 궁금형

강점: 새로운 지식과 경험에 대한 궁금증과 탐구심을 가지고 새로운 것을 쉽게 습득한다.

학습 방법: 자연스럽게 호기심을 따라 자발적으로 학습 주제를 발

견하고 탐구한다. 새로운 것을 발견하고 탐구하는 과정에서 흥미를 느끼며 학습한다.

강점 활용 방법: 자연스럽게 호기심을 따라 새로운 주제를 발견하고 자발적으로 탐구하면, 즐겁게 학습하고 배우게 된다. 학습 과정에서 다양한 취미나 관심사를 찾아서 자발적으로 학습 주제로 삼는 것이 중요하며, 새로운 경험과 지식을 발견하면서 자연스럽게 학습 동기부여를 얻을 수 있다.

3. 1등급 시크릿 : 심화과정

학습유형별 전략

| 시험대비 전략

행동형

행동형 학습자는 실제로 경험하고 체험하는 것을 선호하므로, 시험 대비 과정에서도 실전에서의 경험을 갖도록 노력해야 한다. 공부한 내용을 실습하거나 문제를 풀어보면서 학습 효과를 높일 수 있다. 또한, 과거 시험 문제를 풀어보거나 모의고사를 통해 실제 시험 상황을 경험하여 자신감을 키울 수 있다.

행동형 학습자들은 실제 행동으로 학습을 이해하기 때문에 시험 유형에 맞는 문제를 많이 풀면서 실전 연습을 하면 좋다. 시험 시간 내에 문제를 풀 수 있도록 시간 관리를 중요시하고, 각 문제당 할애하는 시간을 계획하여 효율적으로 시험을 치를 수 있다.

예시: 과목을 공부하면서 중요한 내용과 문제 유형을 정리하여 별도의 문제집에 기록한다. 이후 시험 전에는 이 문제집을 활용하여 시험을 모의해 보면서 시험 상황에 익숙해지고, 시험 시간 관리를 연습한다. 세린이는 행동형 학습자로, 학습에 능동적으로 참여하고 빠른 실행력을 갖고 있다. 문제 유형을 파악하고, 과목별로 문제를 푸는 시간을 설정하여 실전 시험과 유사한 상황에서

연습한다. 이렇게 반복적으로 문제 풀이를 진행하면서 자신의 실력을 향상시켰다.

감성형

감성형 학습자는 감정적인 연결을 중요시하므로, 학습 과정에서 긍정적인 감정을 유지하도록 노력해야 한다. 선생님의 열정적인 강의나 칭찬, 동료들과의 긍정적인 상호작용을 강조하는 학습 환경을 조성하면 학습 동기부여가 높아진다. 또한, 자기 자신의 감정과 관심사를 학습과 연결시킴으로써 학습 주제에 대한 흥미를 높일 수 있다. 시험 대비할 때 긍정적인 마인드를 갖고 자신에게 긍정적인 자기 대화를 해주면 긴장을 덜고, 자신감을 갖고 시험에 임할 수 있다.

예시: 시험 공부를 할 때는 자신이 흥미를 느끼는 주제나 학습 방법을 활용한다. 예를 들어, 흥미 있는 주제의 도서를 선택하거나, 동영상 강의를 활용하여 감성적으로 학습에 몰입한다. 준이는 감성형 기질을 가진 학생으로, 학습 주제에 감정적인 흥미를 느끼고 열정적으로 공부한다. 따라서 자신이 좋아하는 주제를 선택하여 학습한다. 예를 들어, 역사에 관심이 있다면 역사 이야기를 담은 책이나 동영상을 활용하여 학습을 진행한다. 이렇게 관심과 감정에 맞는 학습을 하면 더욱 흥미롭게 공부하며 기억에 남을 수 있다.

계획형

계획형 학습자는 체계적인 계획과 목표를 설정하여 학습하는 것을 선호한다. 시험 대비 과정에서도 명확한 목표를 설정하고 학습 스케줄을 체계적으로 관리하면서 공부한다. 학습 내용을 체계적으로 정리하고, 정해진 일정에 따라 복습을 하면서 시험 대비를 완벽하게 준비할 수 있다. 학습한 내용을 정리하고 자기 평가를 통해 부족한 부분을 파악하고 보완한다. 이를 통해 시험에 더욱 잘 대비할 수 있다.

예시: 시험 대비하기 전에 학습 계획서를 작성하고, 주차별로 공부할 내용과 목표를 설정한다. 계획서를 통해 학습 진행 상황을 체크하고, 목표에 따라 세분화된 계획을 세운다. 시험 대비하기 전에 학습 계획서를 작성한다. 주제별로 공부할 내용과 일정을 상세하게 정리하고, 학습 진행 상황을 체크하면서 목표 달성에 집중한다. 이렇게 계획적으로 학습을 진행하면 시간을 효율적으로 활용할 수 있다.

궁금형

궁금형 학습자는 새로운 지식과 경험에 대한 궁금증과 탐구심을 가지고 있으므로, 시험 대비 과정에서도 새로운 지식을 탐구하고 발견하는 것을 즐겨야 한다. 시험 범위를 넘어서 새로운 내용에 대해 탐구하고 질문을 던지면서 학습의 깊이를 높일 수 있다. 또한, 모의고사나 시험 전에 자발적으로 참여하고 자신의 호기심을 따라 자연스럽게 학습하면서 시험 대비를 준비할 수 있다. 또한 예상치 못한 문제에도 유연하게 대처할 수 있도록 준비해야 한다.

예시: 시험 대비하면서 호기심을 자극하는 추가적인 도서나 논문을 찾아보거나, 관련 실험을 진행한다. 경준이는 궁금형 학습자로 새로운 주제에 대한 궁금증을 자주 느끼며 탐구하는 성향을 갖고 있다. 과학 시험을 준비할 때는 관련 도서나 논문을 찾아보거나 직접 실험을 해보면서 개념을 이해하고 체득한다.

이처럼 다른 학습 스타일과 성향을 고려하여 시험 대비 방법을 적용하면 효율적으로 학습 능률을 올릴 수 있다. 자신의 기질과 학습 성향에 맞게 학습 전략을 세우고 노력하면 더욱 좋은 결과를 얻을 수 있다. 또한, 학습 과정에서 지속적인 자기 평가와 목표 설정을 통해 부족한 점은 보완하고 지속적으로 개선해 나가는 것이 중요하다.

| 학습 스타일

행동형 학습 스타일 (준호)

준호는 적극적으로 행동하고 실제로 시도하는 것을 좋아한다. 책을 읽거나 문제를 해결할 때, 일단 시작부터 한다. 이론적인 공부보다는 문제를 직접 풀어보면서 빠르게 학습하고자 한다.

수학 시험을 준비할 때, 책을 보기보다 먼저 연습 문제를 많이 풀며 실력을 쌓고, 어려운 문제에 도전하면서 자신의 한계를 넓히려고 한다. 학교나 학원에서는 활동적인 수업이나 실험 활동을 좋아하며, 친구들과 함께 팀 프로젝트를 하면서 실제로 무엇인가를 만드는 것에 큰 흥미를 느낀다.

행동형 학습자는 손으로 무언가를 직접 만들어보고 경험을 통해 배우는 것을 선호하기 때문에, 학교나 학습 환경에서 실제 활동이나 실험 기회를 제공하는 것이 도움이 된다. 또한, 문제 해결과 실습 위주의 학습 활동을 통해 자신감을 키우고 몰입력을 높일 수 있다.

감성형 학습 스타일 (미주)

미주는 새로운 과제를 받았을 때, 먼저 자기 감정에 집중한다. 조용한 곳에서 혼자만의 시간을 가지며 과제에 대해 생각한다. 친구들과의 소통을 통해 감정을 나누고, 과제를 완료할 때에는 미술 또는 글쓰기를 통해 자신의 감정을 표현한다. 선생님과 친한 친구들과 얘기하면서 정서적인 지원을 받으면서 학습을 하고, 그렇게 함으로써 더욱 자신감을 가지고 더 잘 이해하고 기억한다.

계획형 학습 스타일 (정수)

정수는 학교에서 주어진 큰 프로젝트를 시작할 때, 자세한 계획과 일정을 세워서 엄격히 지켜나간다. 먼저 목표를 설정하고 필요한 자료와 도구를 조사하며 체계적으로 자료를 정리한다. 프로젝트 진행 중에도 상황에 따라 조정하면서 항상 계획에 따라 일을 진행한다. 또한, 시험 준비를 할 때도 계획을 따르고 일정을 지켜나가며 효율적인 학습을 추구한다.

궁금형 학습 스타일 (규영)

새로운 미학습 주제를 접할 때, 즉각적으로 흥미를 느끼고 자연스럽게 관련 자료를 찾아보기 시작한다. 새로운 경험을 좋아하여 학교 이외의 자율 학습 시간에도 새로운 것들을 찾아서 탐구한다. 호기심에 깊게 빠지는 것을 좋아하기 때문에, 학교에서 자율적인 프로젝트를 진행하면 더 큰 동기부여를 얻으며 많은 것을 배우고 기억한다.

| 시간 관리

기질별 학습 시간 관리는 학습자의 특성과 성향을 고려하여 맞춤형으로 접근하는 것이 중요하다. 학습자 스스로 자신의 기질과 학습 성향을 이해하고, 강점을 활용하여 효율적인 학습 시간 관리 방법을 찾는데 도움이 된다. 또한, 학습 시간 관리는 학습 환경과 지속적인 자기 관리를 통해 개선할 수 있다. 부모가 이를 지원하고

격려함으로써 학생들의 학습 태도와 성과에 긍정적인 영향을 미칠
수 있다.

행동형

목표지향적인 계획 세우기: 일일, 주간 또는 월간 목표를 세우
고, 특정 시간에 어떤 학습 활동을 진행할지 계획을 세운다. 긴 시간
동안 공부하기보다 짧은 시간대를 여러 번 나눠서 공부하는 방식으
로 학습 집중도를 높일 수 있다.

감성형

일정을 미리 계획하기: 학습 유형에 적합한 시간 관리법은 일정
을 미리 계획하고 목표를 설정하는 것, 적절한 휴식과 스트레스 관
리, 집중 시간과 효율적인 공부법 활용, 자기 관찰과 긍정적인 생각
유지, 일일 회고를 통한 개선 등이 포함된다. 이러한 방법들을 따라
감성형 학습자는 효과적으로 학습하면서 감정적으로 균형을 유지
할 수 있다.

계획형

체계적인 학습 계획 세우기: 계획형 학습자는 목표를 달성하기
위해 체계적인 계획을 세우고, 그에 따라 학습 일정을 따라간다.
시간을 효율적으로 활용하고, 학습 목표에 따라 우선 순위를 정

하며, 일정에 맞춰 공부한다.

궁금형

자유로운 탐구 시간 마련: 궁금형 학습자는 자유로운 탐구가 필요하므로, 학습 시간에 자기 관심사를 탐구할 수 있는 시간을 마련한다. 새로운 지식과 경험을 찾아보고, 궁금증을 해소하기 위해 자주 찾아보는 습관을 기른다.

| 플래너 관리

기질별 플래너 관리는 학습자의 특성과 성향을 고려하여 맞춤형으로 접근하는 것이 중요하다. 각 학습자의 기질에 맞는 플래너를 사용하고, 일정 조절과 목표 달성에 도움이 되도록 지원하는 것이 좋다. 부모가 자녀의 기질을 이해하고, 플래너 관리에 도움을 주는 것은 학습 습관 형성과 성과 향상에 도움이 된다.

행동형

목표 달성에 초점: 행동형 학습자들은 목표를 달성하는 데 집중하므로, 플래너에 학습 목표와 일정을 명확히 기록한다.

세부적인 계획: 일일, 주간 또는 월간 계획을 세우고, 각 학습 활동과 실험, 체험 등을 세부적으로 기록하여 실행한다.

감성형

감정 기록: 감성형 학습자들은 감정에 영향을 받으므로, 플래너에 감정 기록을 포함하여 일상적인 감정 변화를 확인한다.

유연한 계획: 감성형 학습자들은 유동적인 상태가 많으므로, 플래너에 유연하게 일정을 조절하고, 휴식 시간과 감정적인 안정을 고려한다.

계획형

체계적인 계획: 계획형 학습자들은 계획을 중요시하므로, 플래너에 명확한 목표와 체계적인 계획을 세운다.

우선순위 설정: 플래너에 할 일의 우선순위를 기록하고, 중요한 일을 우선적으로 처리하며 학습 일정을 따른다.

궁금형 (Curious)

탐구와 궁금증 기록: 궁금형 학습자들은 항상 새로운 것에 관심이 많으므로, 플래너에 탐구하고 싶은 주제와 궁금증을 기록한다.

다양한 학습 계획: 플래너에 다양한 주제와 활동을 담고, 호기심에 따라 탐구하고 발견하는 데 필요한 시간을 확보한다.

| 칭찬 포인트

학습 성향에 맞게 적절한 칭찬을 해주는 것은 학생들의 자신감과 학습 동기부여를 높이는 데 도움이 된다. 아이에 맞는 긍정적인 피드백과 격려를 제공하는 것이 중요하다. 학생들이 자신의 강점을 인지하고 발전시킬 수 있도록 도와주면 학습 태도와 성과를 향상시키는 데 도움이 된다.

행동형

적극적인 참여와 행동력: 행동형 학습자는 능동적으로 학습에 참여하며, 문제에 대한 해결 방법을 빠르게 행동으로 옮기는 능력을 가지고 있다. 이들의 적극적인 참여와 행동력은 학습 과정에서 주목할 만한 점이다.

능숙한 실행력: 행동형 학습자들은 계획한 일을 능숙하게 실행하는 능력이 뛰어나다. 학습 활동에 빠르게 도전하고, 실제로 경험하며 자신의 능력을 향상시키는 데 탁월한 성과를 보인다.

"너는 항상 적극적으로 학습에 참여하고 문제를 해결하는 데 능숙하구나!"

"빠르게 행동으로 옮기는 능력이 정말 대단해! 학습에서도 이점이 많을 거야."

감성형

감정적인 흥미와 열정: 감성형 학습자들은 학습 주제에 대해 감정적으로 흥미를 가지고, 열정적으로 공부하는 특성을 보인다. 이들의 감정적인 흥미와 열정은 학습 동기를 높이고, 깊이 있는 학습을 이끄는 데 중요한 역할을 한다.

감정 공유와 이해: 감성형 학습자들은 주관적인 감정을 주체적으로 경험하고 공유하는 경향이 있다. 이들의 감정 공유와 이해는 학습 환경에서 긍정적인 동기부여와 감정적인 지지를 제공하는 데 도움이 된다.

"너는 학습에 감정적으로 흥미를 갖고, 주제에 대해 열정적으로 공부하는 모습이 멋져!"

"학습에서 느끼는 감정을 공유하는 너의 자세가 훌륭해. 계속 그렇게 하면 좋을 거야."

계획형

명확한 목표와 계획: 계획형 학습자들은 명확한 목표를 설정하고 체계적인 계획을 세우는 데 능숙하다. 이들의 명확한 목표와 계획은 학습 방향성을 잡고, 효율적인 학습을 이끌어낸다.

시간 관리와 우선순위 설정: 계획형 학습자들은 학습 시간을 효율적으로 관리하고, 중요한 일을 우선적으로 처리하는 능력을 갖고 있다. 이들의 시간 관리와 우선순위 설정은 학습 일정을 지켜나가는 데 도움이 된다.

"계획적인 접근 방식으로 학습을 잘 진행하는구나! 목표 달성에 꼭 필요한 능력이야."

"자신의 목표를 잘 파악하고 계획을 세우는 네 모습이 훌륭해. 학습 성과가 높아질 거야."

궁금형
탐구적인 태도와 궁금증: 궁금형 학습자들은 지적 탐구를 즐기고 새로운 주제에 대한 궁금증을 자주 느낀다. 이들의 탐구적인 태도와 궁금증은 지속적인 학습 동기를 불러일으킨다.

창의성과 발견: 궁금형 학습자들은 자신만의 창의적인 방법으로 학습을 진행하며, 새로운 지식과 경험을 발견하는 능력을 보여준다. 이들의 창의성과 발견은 학습 과정에서 특별한 성과를 이끌낸다.

"너의 호기심과 궁금증이 학습에 큰 도움이 돼. 새로운 주제를 탐구하는 네 모습이 멋져!"

"새로운 것에 대한 궁금증과 탐구하는 너의 자세는 정말 좋아. 계속 이런 모습을 보여줘!"

| 부모의 역할

부모는 학생의 특성과 성향을 고려하여 맞춤형으로 지원하는 것이 중요하다. 학생들의 학습 동기를 높이고 성취감을 느낄 수 있도록 지원하며, 자율적인 학습과 참여를 촉진하는 환경을 조성하는 것이 목표이다. 아이에 맞는 지원과 도움을 제공하여 학습 능률을 높일 수 있다. 이는 자녀들의 학습에 대한 긍정적인 관심과 지지가 자녀들의 학습 동기와 자신감을 향상시키는 데 큰 영향을 미친다.

행동형

지원과 격려: 부모는 자녀의 적극적인 참여와 노력을 인정하고, 학습에 대한 지원과 격려를 제공한다. 실험 재료나 실습 시설을 구비해 주고, 학생이 자율적으로 경험하고 참여할 수 있도록 지원한다. 또한, 학습 도중 발생하는 문제를 함께 해결하며 활동적인 학습 환경을 조성한다.

목표 설정 도우미: 자녀와 함께 학습 목표를 설정하고, 계획적인 학습 방법을 도와준다.

학습 시간 관리: 시험 기간에는 학습 시간을 효율적으로 활용하도록 도움을 준다.

예시: 현우는 행동형 학습자로, 시험 준비를 위해 문제 풀이 연습을 많이 해야 한다.

1) **문제집 구비**: 부모는 현우와 함께 과목별로 시험에 출제될 가능성이 높은 문제들로 구성된 문제집을 구비한다.

2) **시험 모의 테스트**: 부모와 현우는 주기적으로 시험 모의 테스트를 진행한다. 모의 테스트를 통해 현우가 실제 시험 상황에서 어떻게 문제를 푸는지 경험하고, 시험 시간 관리를 연습할 수 있다.

3) **피드백 제공**: 모의 테스트 이후에는 부모가 현우의 풀이 과정을 살펴보고 피드백을 제공한다. 어떤 문제가 어렵게 느껴졌는지, 어떤 부분이 부족한지 등을 확인하여 개선할 수 있도록 도와준다.

감성형

감정적인 지지: 부모는 자녀의 감정을 존중하고, 학습 동기부여를 위해 긍정적인 감정적인 지지를 제공한다. 학습 주제와 관련된 감성적인 자료를 함께 찾아보고 이야기를 나누어 주는 등 감정적인 연결을 지원한다. 긍정적인 피드백과 격려를 통해 학습 동기부여를 높여준다.

공유와 소통: 자녀와 학습 주제에 대해 자유롭게 대화하고 공유할 수 있는 환경을 조성한다.

감정 조절 지원: 시험에 대한 긴장과 불안감을 조절하는 데 도움을 준다.

예시: 수아는 감성형 학습자로, 감정적인 지지와 흥미로운 학습

환경이 필요하다.

1) 관심사 반영: 부모는 수아의 관심사와 취미를 존중하고, 학습 주제와 어울리는 내용을 추가하여 흥미를 유발한다.

2) 함께 공유: 부모는 수아와 함께 학습하는 시간을 가지며, 수아의 생각과 느낌을 공유하는 자유로운 대화를 하면서 호기심과 창의력을 유발한다.

3) 긍정적인 피드백: 부모는 수아의 노력을 인정하고, 긍정적인 피드백과 격려를 제공하여 자신감을 키우고 학습에 대한 긍정적인 태도를 유도한다.

계획형

목표 도달 지원: 부모는 자녀의 목표 달성을 지원하고, 계획적인 학습 방법을 함께 세우도록 도와준다. 학습 일정을 정리하고 계획을 지키는 데 지속적인 관심과 지원을 보여준다. 필요할 때는 유연하게 학습 일정을 조정하는 센스!

예시: 준서는 계획형 학습자로, 목표 설정과 계획에 따라 학습하는 것을 좋아한다.

1) 학습 계획 도우미: 부모와 함께 학습 계획서를 작성하고, 준서가 직접 계획에 따라 학습할 수 있도록 도우미가 된다.

2) 자기 주도적인 학습: 부모는 준서가 자기 주도적으로 학습할

수 있도록 독려하고, 학습 일정을 지키도록 지원한다.

3) 목표 달성 인센티브: 부모는 준서가 설정한 목표를 달성하면 긍정적인 인센티브를 제공하여 목표 달성에 도움을 준다.

궁금형

자기 탐구 도모: 부모는 자녀의 호기심을 존중하고, 추가적인 탐구와 연구를 도모할 수 있는 환경을 제공한다. 다양한 학습 자료와 탐구 활동을 지원하고 호기심을 자극하는 자료와 경험이면 좋다. 함께 새로운 주제를 탐구하고 발견하며 호기심을 유지할 수 있도록 도와준다. 특히 자녀의 자율적인 학습을 존중하고, 자기 주도적으로 학습하도록 유도한다.

예시: 민준이는 새로운 주제에 대해 끊임없이 궁금증을 느끼고 탐구한다.

1) 도서관과 자료 제공: 부모는 민준의 호기심을 지지하고, 관련 도서관이나 온라인 자료를 제공하여 더 깊이 탐구하도록 도와준다.

2) 실험과 체험: 부모와 함께 실험을 진행하거나 체험 활동을 할 수 있는 기회를 제공하여 민준의 호기심을 즐겁게 만족시킨다.

3) 독창적인 학습 유도: 부모는 민준이 독창적인 학습 방법을 시도하도록 유도하고, 자율적으로 탐구하도록 지원한다.

4. 1등급 시크릿 : 최고심화과정

1) 순수 학습 시간 최대한 확보하기

공부를 다른 말로 '학습'(學習)이라고 한다. 공부라는 과정 속에는 배우는 과정인 '학'과 익히는 과정인 '습'의 시간이 섞여 있다는 뜻이다. 학(學)의 시간은 새로운 내용에 대한 설명을 듣는 시간. 즉 수업을 의미한다. 반면 습(習)의 시간은 수업에서 배운 내용을 본격적으로 내 것으로 만드는 과정이다. 이제부터 진짜 공부가 시작되는 것이다. 수업 때 배우고 이해한 내용을 내가 원하는 순간에 완벽하게 끄집어 낼 수 있는 경지에 이를 수 있을 정도로 끌어 올려야 하는 과정이다.

아이만의 학습 성향을 인지하고 심화과정을 거쳤다면 다음에 할 것은 최고 심화과정이다. 동기부여가 되었고 공부가 재밌어지는 순간이 되었다. 이제는 실전이다.

상위권 학생들은 배운 내용을 제대로 내 것으로 만들었는지 점검하는 데 많은 시간을 보낸다. **상위권 학생과 하위권 학생의 가장 큰 격차는 바로 혼자 내 것으로 만드는 시간의 양차이에서 온다.** 가장 적합한 혼자 공부하는 시간은 초등학생은 하루 1시간 ~ 2시간 정도, 중학생은 3시간 이상, 고등학생은 적어도 4시간 정도는 자기 공부 시간에 투자해야 공부하는 습관이 몸에 붙는다.

고2 철수는 2등급의 벽을 넘지 못해 부모와 아이 모두 안타까워하는 상황이었다. 여러 가지 기질과 상황을 분석해 보니 너무 많은 학원 투어로 자기 공부 시간이 절대적으로 부족함을 알게 되었다. 흔히 말하는 빡세게 잘 가르치다는 학원에서 내주는 어마어마한 숙제를 하느라 새벽까지도 시간이 부족했으니 정작 순수 학습은 꿈도 못 꾸었다.

저자는 과감하게 어머니에게 철수의 학원을 우선순위로 정리하도록 조언했다. 학원 숙제와 커리큘럼으로 허덕이는 대신 자기만의 계획과 방법을 세우고 직접 만든 나만의 과목별 노트법을 활용하도록 했다. 진짜 공부를 하게 하도록 한 것이다.

처음에는 스스로 하는 게 익숙하지 않아서 불안해했지만 저자의 코칭으로 공부에 자신감이 생기기 시작했다. 그리고 드디어 고2 기말고사에서는 내신과 모의고사 국, 영, 수 모두 1등급을 받기에 이르렀다.

성적 = 학습 시간 × 학습 전략 × 학습 방법

공부를 잘하고 싶다고 말하면서 공부할 시간을 갖지 않는 건 어불성설이다. **따라서 제일 먼저 해야 할 일은 공부 시간을 최대한 확보하는 것이다.** 공부의 중요한 원칙 중 첫 번째는 바로 '학습 시간'이다. 여기서 학습 시간은 내가 스스로 투자하는 '진짜 공부 시간'이 얼마나 되느냐의 문제이다.

아래는 학습 성향별로 순수 공부한 시간을 확보하는 방법이다.

기질 유형	학습 유형별 순수 공부 시간 확보 방법
행동형	**1. 학습 환경 조성** : 공부하는 장소를 조용하고 정돈된 공간으로 설정한다.
	2. 집중 시간 예약 : 학습에 집중할 시간을 미리 예약하고, 다른 일을 배제한다.
	3. 디지털 디톡스 : 공부 중에 스마트폰과 소셜 미디어 사용을 최소화한다.
	4. 일정 관리 : 공부할 시간과 쉴 시간을 명확하게 구분하여 일정을 관리한다.
감성형	**1. 흥미로운 주제** : 흥미로운 주제의 도서나 자료를 활용하여 학습에 흥미를 유발한다.
	2. 학습 동기부여 : 감성적인 지지와 격려로 자녀의 학습 동기를 높인다.
	3. 학습 일정 유연화 : 정해진 일정에만 구애받지 않고, 감정에 맞게 일정 조정한다.
	4. 학습 환경 디자인 : 학습 공간을 아이의 감성에 맞게 꾸며 흥미를 유발한다.
계획형	**1. 학습 계획서 작성** : 목표와 계획을 세우고 학습 진행 상황을 기록한다.
	2. 자기 주도적 학습 : 아이가 스스로 학습 계획을 세우고 실행하도록 도와준다.
	3. 집중 시간 확보 : 학습에 집중할 시간을 미리 예약하고 다른 방해요소를 배제한다.
	4. 계획 수정 유연화 : 일정에 유연성을 두어 계획 변경에 대해 자유롭게 대응한다.
궁금형	**1. 새로운 도전** : 새로운 주제와 도전적인 학습 방법으로 호기심을 자극한다.
	2. 실험과 탐구 : 실험을 통해 개념을 이해하고, 호기심을 해소하는 데 활용한다.
	3. 창의적 학습 도구 : 창의적인 학습 방법과 도구를 활용하여 호기심을 유발한다.
	4. 자율적 학습 : 호기심에 따라 자유롭게 학습 주제와 방법을 선택하도록 도와준다.

학생 유형	일주일 순수 공부시간 (시간)
보통 학생	월~금 : 2~3 시간
	주말 : 4~6 시간
	합계 : 약 18~25 시간

공부 잘하는 학생	월~금 : 3~4 시간
	주말 : 6~8 시간
	합계 : 약 24~32 시간

이는 개인의 학습 습관과 환경, 학교 과목과 시험 등 다양한 요인에 따라 달라질 수 있으므로, 실제 상황에 따라서는 더 다양한 경우가 있을 수 있다. 아이의 학업 부담을 고려하여 학습 시간을 조절하고, 균형 있는 학습 스케줄을 구성하는 것이 중요하다.

중3 철수는 학교 수업 끝나자마자 곧장 학원으로 이동해서 3가지 과목을 연이어 듣고 집에 와서 학원 숙제까지 끝내고 나면 새벽 1시가 넘는다. 지친 몸으로 겨우 씻고 잠자리에 든 철수의 진짜 공부 시간은 얼마일까? 안타깝지만 0시간이다. 아이가 하루 종일 학교 가고 학원가고 공부로 하루를 다 보내는 것 같은데 진짜 공부한 시간이 없다니 부모로서 가슴이 답답할 노릇이다.

"하루에 스스로 공부할 시간, 진짜 없어요!"

그러나 많은 학생이 이렇게 하소연한다. 하루에 '정말' 진짜 공부할 시간이 없다고 말이다. 하지만 무작정 시간이 없다고 하소연하기 전에 점검해 보는 시간을 한 번 가져보게 하는 것이 중요하다. 주어진 24시간을 100% 알차게 사용하고 있는지 말이다.

먼저 학교에서 수업 이외의 시간을 어떻게 사용하고 있는지 물어보자.

학교 끝나고 애들은 더 바쁘다. 학원이다 과외다 엄마들은 버스에서 버리는 시간이 아까워 픽업해주느라 바쁘다. 그럴수록 학교에서의 자투리 시간 활용이 정말 중요하다.

등하교 시간, 쉬는 시간, 식사 시간, 청소 시간

→ 작지만 많은 자투리 시간

할 일 : **단어 암기**나 **개념 정리**와 같은 가벼운 공부 시간으로 활용

또한 학교 수업과 개인 공부의 균형 맞추기가 필요하다.

학교 수업과 개인 공부 중 제일 먼저 할 일이 무엇인지 정리할 수 있도록 해준다. 할 일마다 예상 소요 시간을 적어보고 오늘 하루 동안 할 수 있는 일 중 최대한 많이 끝낼 수 있는 일을 하게 한다. 계획을 잘 세우는데 실천이 어렵다면 학교 시간표처럼 계획마다 시간을 정하는 것도 좋다. 너무 빡빡하지 않게 계획을 세우고 시간을 설정한다. 이렇게 계획을 세워 지키면서 1주일간 학교 수업과 개인 공부를 5 : 5, 또는 4 : 6 비율로 유지하다가 차츰 내 아이에게 맞는 비율로 찾아가게 하면 된다.

어느 사교육 업체에서 공부 시간을 조사했다. 공부 잘하는 서울대생 3천 명과 일반 학생 3만 명을 비교했을 때 놀라운 차이가 한 가지 있었는데 바로 **'자기 공부 시간의 차이'**였다. **시험 때는 거의 차이가 없다가 시험이 끝난 평범한 날이나 방학 때는 놀랄 만한 차이가 벌어진다. 시험 시기가 지나면 일반학생 아이들은 긴장이 풀어지고 자기 공부 시간을 많이 갖지 않는다.**

방학 중에 하루 5 ~ 10시간씩 자기 공부 시간을 확보하는 최상위권 학생들과 하루 겨우 2시간 이하만을 공부하는 일반학생과의 차이는 당연히

벌어질 수밖에 없다. 자녀를 독려하면서 조금씩 자기 공부 습관을 늘려가
도록 도와주자.

<하루 적당한 진짜 자기 공부 시간>

초등학생 : 1시간 30분 ~ 2시간 정도

중학생 : 3시간 이상

고등학생 : 4시간 이상

<절대 공부 시간>을 확보하는 규칙

1) 공부하기로 한 시간은 꼭 지킨다.

2) 공부 시간 : 휴식 시간 = 9 : 1 원칙을 지킨다(90분 공부 후 10분 휴식)

3) 나의 공부 시간을 방해하는 타임 킬러를 찾는다.

4) 부족한 공부는 주말에 한다.

2) 나만의 공부 무기 '진짜 자기주도학습'

자기주도학습은 자기 스스로 계획하고 실행하며 평가하는 일련의 과
정을 말한다. 그러나 여전히 천편일률적인 방법을 통해 자신에게 맞지 않
는 학습을 하는 경우가 많다. 자기주도학습은 개인의 타고난 선천성을 기
반으로 진로를 설정하고, 설정된 진로에 관련한 학습을 자신의 스타일로
계획하고 실행하며 평가해가는 것이다.

고1 도환이는 인내력과 학습 집중력은 부족했지만 직관 통찰력과 도전 정신력이 탁월했다. 한 번 목표가 생기고 무언가에 꽂히면 열정적으로 빠져들고 매섭게 집중하기도 했다. 도환이는 자신이 가진 강점과 약점을 잘 파악하고 나를 진단하는 과정을 가졌다.

먼저 자신의 성적을 정확히 파악했다. 평균 점수에서 나의 성적을 지역, 과목별로 상위권, 중위권, 하위권으로 구분했다. 처음에는 조금 불편할 수 있으나 이후 성공적인 입시 전략을 짜기 위한 토대가 되기 때문에 냉철한 분석이 필요했다. 그 다음 도환이만의 공부 스타일로 공부 무기를 만들었다.

> ### <나는 ___ 할 때 공부가 잘 된다>
> **시간표 짜기**: 정해진 시간표 or 융통성 있는 시간표
> **집중 잘 되는 시간**: 아침, 밤에, 새벽에, 낮에
> **과목**: 하루에 한 과목만 or 여러 과목을 조금씩
> **공부 장소**: 혼자 조용히 or 여럿이서 그룹으로

도환이는 억지로 오래 앉아 있지 못하는 아이였다. 부족한 과목은 순간 집중력을 발휘해 공부할 수 있도록 융통성 있게 시간표를 짰다. 활동적인 아이로 혼자보다는 여럿이서 그룹으로 하고 하루에 한 과목만을 가장 집중이 잘 되는 시간으로 새벽에 1시간 공부하는 방법을 선택했다.

시험이 끝나고 나서는 본격적으로 시험지를 분석하는 일도 잊지 않았다. 강점 과목과 약점 과목 분석하기, 틀린 문제 분석하기가 그것이었다. 우선 시험 결과를 토대로 내가 잘하는 과목과 못하는 과목, 즉 강점 과목

(수학)과 약점 과목(국어)을 골랐다. 강점 과목은 고학년이 되기 전까지 나만의 확고한 무기로 더욱 집중 투자를 해서 그 과목에 대해서는 고급 난이도의 문제에도 성적에 큰 변동이 없는 수준으로 실력을 쌓아 놓았다.

약점 과목은 성적 상승의 기회가 될 수 있으니 정복하도록 따로 플랜을 세워서 일정 시간 이상을 해당 과목에 집중하도록 노력했다. 약점 과목인 국어가 주요 과목이다 보니 고3이 되기전에 반드시 4등급에서 2등급까지 올려놓겠다 다짐하고 계획을 세웠다. 그리고 틀린 이유를 철저하게 분석했다. 시험 기술 부족인지 시험 준비 부족인지를 나누고 문제점 파악, 해결 전략도 세웠다.

맞춤 교재와 강의를 선택하고 강점과목(수학, 1등급)과 약점 과목(국어, 4등급)을 시간표에 적절하게 분배하고 집중해서 공부한 결과 다음 시험에서 원하는 성적을 이룰 수 있었다. 기말고사 때 수학이 난이도가 높아져서 상위권 애들의 성적이 많이 휘청일 때에도 도환이의 수학 성적은 끄덕 없었으며 약점 과목인 국어도 목표인 2등급으로 올릴 수 있었다.

3) 진짜 메타인지 공부법

메타인지는 내가 무엇을 알고 모르는지 스스로 아는 것을 말한다.

공부를 잘하기 위해서는 단순히 지식을 아는 인지 과정이 아니라 내가 무엇을 알고 무엇을 모르는지 정확하게 알아야 한다. 그리고 부족한 부분을 채워갈 수 있어야 한다. 이는 훈련을 통해 향상시킬 수 있다. 메타인지 학습 프로그램은 학생들이 자신의 학습 방식과 습관을 파악하고, 그에 맞는 개인 맞춤형 학습 전략을 만들어내는 프로그램이다. 이 프로그램은 학생들이 효율적인 학습 방법을 습득하여 학업 성취도를 높일 수 있도록 돕는 것이 목적이다.

메타인지 학습 프로그램은 대개 다음과 같은 과정으로 진행된다. 먼저 자신의 학습 방식과 습관을 파악할 수 있는 학습 테스트를 수행한다. 이 테스트는 학생들이 자신의 기질과 학습성향을 파악하고, 어떤 학습 방식이 효과적인지를 알아내는 데 도움을 준다. 메타인지 학습 테스트 결과를 토대로 개인에게 맞는 개인 맞춤형 학습 전략을 짜낸다. 이 전략은 각 학생이 효과적으로 학습할 수 있는 방법을 찾아내는 것을 목표로 하며, 학생들은 이를 토대로 홀로 학습하는 능력을 향상시킬 수 있다.

이제 학습 전략을 구체화한 학생들은 개인 맞춤형 학습 전략을 구체화하고, 구체적인 계획을 수립한다. 이는 학생들이 학습 목표를 달성하기 위해 필요한 과정과 학습 자원을 정리하는 것을 의미한다.

이제부터 개인 맞춤형 학습 전략을 바탕으로 학습을 시작한다. 이 과정에서는 학생들이 자신이 만든 학습 전략을 활용하여 공부하고, 이를 토대로 학습 방식을 지속적으로 개선해 나간다.

스스로 퀴즈 내기

메타인지 학습을 통해 아이들은 학습 과정을 주도적으로 관리하고 개선하는 습관을 키울 수 있다. 그중 스스로 퀴즈를 출제하고 활용함으로써 자기평가와 학습 계획의 조정을 할 수 있게 된다. 이는 장기적으로 학습 능력을 향상시키는 데 큰 도움이 되기도 한다. 이 방법은 학습하는 동안 자신의 학습 순서를 관찰하고 조절하는 능력을 향상시킨다. 자신이 퀴즈나 문제를 만들면 자신이 얼마나 잘 이해하고 있는지 평가하고 복습을 강화하는 데 큰 도움이 된다. 더 나아가, 아이들은 이러한 메타인지 습관을 일상생활의 다양한 영역에 적용하여 더 나은 학습자로 성장할 수 있다.

① 퀴즈 만들기

아이가 학습한 내용을 바탕으로 질문을 만든다. 예를 들어, 영어 과목에서 to 부정사의 3가지 용법(명사, 형용사, 부사적 용법)을 배웠다면 스스로 정리해보는 것이다. 정리 후에는 직접 퀴즈를 내보는 것이다.

1. 다음 중 'to' 부정사가 올바르게 사용된 문장을 고르세요.

   a) She likes to reads books.

   b) He wants to eats pizza.

   c) They need to go shopping.

   d) I can to play the guitar.

2. 다음 문장을 'to' 부정사로 바꾸세요.

   "I will go to the park and play soccer."

3. 아래 빈칸을 채우세요.

   "She decided ___ (watch) a movie tonight."

4. 다음 중 올바른 'to' 부정사 형태를 고르세요.

a) to sings

b) to eating

c) to sleep

d) to swimmed

5. 다음 문장을 'to' 부정사로 바꾸세요.

"They can play basketball well."

아이 스스로 만든 퀴즈를 풀어보면서 자기평가를 진행한다. 각 문제에 대한 해답을 확인하고 자신이 맞았는지 틀렸는지를 파악한다. 틀린 문제는 어떤 부분을 잘못 이해했는지 돌아보며 수정하거나 추가로 학습할 수 있다.

② 퀴즈 활용과 복습

아이가 퀴즈를 푼 뒤에는 정답과 함께 설명을 첨부하면 도움이 된다. 이 설명을 통해 왜 그런 답이 나왔는지를 이해하고 다음에 비슷한 문제를 풀 때 적용할 수 있다. 퀴즈와 설명을 자주 복습하여 기억력을 강화할 수 있다.

1. **답: c)** They need to go shopping.

   설명: 'Need to'는 '해야 한다'라는 뜻이에요. 'Go' 다음에 'to' 부정사가 올바른 형태에요.

2. 답: "I will go to the park to play soccer."

  설명: 'and' 대신 'to' 부정사를 사용하여 문장을 바꿔보았어요.

3. 답: "She decided to watch a movie tonight."

4. 답: c) to sleep

  설명: 'To' 부정사는 '동사의 원형' 형태를 가져야 해요. 'Sleep' 는 동사의 원형이에요.

5. 답: "They can play basketball." → "They can play basketball well."

  설명: 'Well'은 부사로 '잘'이라는 뜻이에요. 'Play basketball' 뒤 에 'to' 부정사를 추가하지 않아도 됐어요.

③ 학습 계획 수정

아이가 퀴즈를 풀며 어떤 개념이 어려운지, 어떤 부분을 더 학습해야 하는지를 파악할 수 있다. 이를 토대로 학습 계획을 수정하고 미숙한 부분 을 강화하여 더 나은 학습 성과를 얻을 수 있다.

친구를 가르치는 힘

"지영아, 영어 공부 너무 어려워... 가정법 과거, 과거완료, 단순 조건 너무 헷갈려"

"그렇구나. 내가 도와줄까? 3가지 정리해서 쉽게 설명해줄게."

162

학교 쉬는 시간이면 지영이처럼 적극적으로 친구를 가르치는 아이들이 꼭 있다. 이들은 다른 친구를 가르치느라 소중한 시간을 허비하는 것일까? 절대 아니다. 오히려 친구를 가르침으로써 얻는 것이 더 많다.

- 가르치기를 통한 학습 깊이 강화

다른 친구에게 영어 표현이나 문법을 설명하면서, 원래 알던 것을 더 자세히 이해하게 된다. 내가 빠트린 부분이나 미숙한 부분을 발견하고 보완하면서 더 깊게 학습하게 되는 어마어마한 장점이 있다. 친구가 물어보는 질문에 답하면서, 아이도 그 질문을 통해 본인의 지식을 돌아보게 된다. 함께 대화하며 더 깊이 있는 이해를 도출하고, 이를 통해 아이 역시 학습 능력을 높일 수 있다.

- 간단하고 명료한 설명 능력 향상

친구가 이해하기 쉽도록 설명을 하다보면 더 효과적으로 전달하기 위한 방법을 생각하게 된다. 그러기 위해서 나의 지식을 구조화하고 정리하는 방법을 점차 배우게 된다.

- 동기 부여와 긍정적 태도 유지

나의 가르침으로 인해 친구의 발전을 지켜보며, 아이는 학습 동기를 부여받는다. 학습에 재미를 느끼고 더욱 적극적으로 참여하게 된다.

친구에게 지식을 전달하면서, 메타인지 개념을 활용하여 친구의 학습 능력을 향상시키는 동시에 나 자신도 더 나은 학습 방법을 습득하고 성장할 수 있다. 친구에게 설명하고 도움을 주는 과정을 통해 지식을 보다 명확하게 이해하고 효과적으로 전달할 수 있는 능력을 키우며, 자신의 학습 능력 또한 개선해 나갈 수 있다.

5. 김유진식 성공 학습 5단계

1) 학생별 맞춤 관리

저자는 다음과 같이 **성공학습 5단계**를 제시한다.

가장 첫 번째로 진행하는 단계는 바로 학생별 맞춤 스케줄러 작성과 관리이다. 학생들은 저마다의 특성이 있다. 같은 교실 안에서도 학생들은 각자 다른 학습 스타일과 필요에 따라 관리되어야 한다. 맞춤 관리를 통해 학생들은 개별적인 관심과 지도를 받으면서 더 나은 성과를 이루도록 한다.

먼저 기질 검사를 통해 아이들의 학습 스타일과 욕구를 파악한다. 학원이나 학교 진도를 잘 따라가는 학생도 있지만 그렇지 못한 학생도 있고, 강의식 수업이 잘 맞는 학생도 있지만 그렇지 않은 학생도 있다. 또, 학습에 대한 마인드의 차이도 크다. 확실한 공부 목표를 바탕으로 스스로 공부하는 학생들도 있고, 공부에 대한 의지와 동기가 약한 학생들도 있다.

10명의 학생이 있다면 모두의 일대일 관리를 통해 학생별 맞춤 스케줄러를 작성하고 매일 꾸준한 자기주도학습 내용을 기록하고 피드백하는 루틴으로 학습을 진행하고 있다.

2) 개념 강화 학습관리

중등학습에서 가장 중요한 것은 무엇일까? 집을 지을 때도 기초공사가 중요하듯, 학습의 기초가 되는 개념 학습이 중요하다. 개념은 30, 문제 풀이는 70정도의 비중으로 공부한다. 개념학습도 학습 성향별로 다르게 접근한다. 예를 들면 행동형은 교재를 볼 때 전체에서 부분을 보려는 특성이 있다. 그렇게 했을 때 학습 성과가 잘 나오기 때문이다. 고등부에서는 깊이 있는 개념 이해를 통해 사고력과 개념 간 융합 능력을 요구한다. 따라서 개념학습을 확실하게 하고 문제 풀이 학습으로 넘어가게 된다.

아이마다 개념에 대한 충분한 이해와 강화 학습을 통해 학습 자신감을 키워주고, 개념에 대한 점검을 일대일로 진행한다. 공부한 내용을 노트에 정리해보고 문제를 만들어 보고 앞에 나가서 친구들에게 발표하는 방식으로 점검한다. 이 방법도 다 똑같이 하는 게 아니다. 발표도 다르게 진행한다. 이러한 과정을 통해 개념 학습에 집중하게 되며 내신 대비에 만반의 준비를 마친다.

3) 메타인지 학습 관리

위에서 말한 개념 정리하고 퀴즈 내기, 친구에게 가르치듯 개념 설명하기 등을 통해 학습 능력과 수준을 발전시킨다. 또한 중고등 내신 대비를 위해 각 아이들에 맞게 메타인지 학습법을 활용한다.

예를 들어 행동형인 철수는 실제로 문제를 풀어보며 학습하는 것을 선호한다. 내신 대비를 위해 과거 문제들을 많이 풀어보면서 어떤 유형의 문제가 나오는지 파악한다. 그리고 틀린 문제를 다시 분석하고 비슷한 문제를 다시 풀어보는 것으로 실수를 줄이고 실력을 향상시킨다.

계획형인 주아는 계획적으로 학습을 준비하고 실천하는 것을 선호한다. 따라서 내신 대비를 위해 시간을 잘 나누어 과목의 중요한 내용을 미리 정리하고 계획을 세우도록 돕는다. 다른 유형보다 복습하는 시간 확보가 중요하다.

이처럼 각 학습 성향에 따라 내신 대비를 함으로써 학생들은 존중받는 느낌으로 더 효과적으로 공부하고 성과를 얻는다.

4) 유형별 문제 완성 학습 관리

유형별 문제 완성 프로그램은 다양한 유형의 문제를 생성하여 학습자들이 문법, 어휘, 문장 구조 등을 학습할 수 있도록 도와준다. 어휘, 독해, 문장 구조, 유형별 문제완성 프로그램은 각각 아이의 학습 성향과 목표에 따라 나뉘게 된다. 각종 유형의 문제를 다양하게 학습할 수 있도록 도와주며, 학습 효과를 극대화하기 위함이다.

개념학습이 끝난 후 문제 풀이 학습에 들어가도록 한다. 개념학습이 부족한 상태로 문제풀이 학습을 진행하게 되면, 오답률이 높아져 학습에 대한 흥미를 잃게 될 뿐 아니라, 문제를 통해 얻을 수 있는 것이 없어진다.

또한 객관식 문제를 수준별로 준비하는 것뿐 아니라 서·논술형 문제에 대한 대비도 필요하다. 객관식 문제는 잘 풀어내는데 서·논술형 문제에서 특히 약한 학생들은 기본 어휘력과 문해력을 높이는 일대일 개별 코칭을 함께 진행한다.

5) 실전대비 연습

시험이 다가오면 아이들은 긴장하고 불안해질 수 있다. 이를 위해 실전 대비 연습을 시켜준다. 실시간 모의고사나 문제 연습 후, 학생들이 자신의 실력을 직접 확인할 수 있는 실시간 피드백 기능을 제공한다. 이를 통해 학생들은 자신이 어떤 부분에서 실수하거나 약점이 있는지 빠르게 파악하고 보완할 수 있다.

"평소 열심히 공부하는데, 시험만 보면 망쳐요."라는 고민을 하는 학생들이 많다. 이들의 문제점은 보통 2가지 경우이다. 평소 공부법이 잘못되었거나 시험 상황에 대한 긴장도가 높아서 실력 발휘를 못하는 것이다. 긴장을 하고 시험 기술력이 부족해 시간 배분을 제대로 하지 못하는 경우이다. 또는 OMR카드 작성 실수로 밀려 쓰는 안타까운 실수도 한다. 실전 대비 부족으로 겪는 문제점이다.

행동형인 경우 과거 시험문제를 다시 풀어보며 실제 시험과 유사한 상황을 연출해 본다. 문제 유형과 어려움을 파악하고 개선할 부분을 정리한다. 타이머를 사용하는 것도 좋다. 문제당 할당된 시간을 정해놓고 연습할 때도 타이머를 사용하여 시험 시간과 비슷한 상황을 연출한다.

감성형은 연습 시간에도 실제 시험 분위기를 조성해 보면 좋다. 조용한 장소에서 문제를 푸는 것이나 시험 시간을 따라해 보는 것으로 감정과 연결 시켜본다. 긴장감이나 불안감을 미리 경험해 보고 어떻게 대처할지 생각하도록 도와준다. 감성형에게는 긍정적인 마인드 셋이 특히 중요하다.

계획형은 시험에서 자주 나오는 문제 유형을 파악하고 각 유형별로 필요한 기술을 정리한다. 예상되는 유형을 대비하여 연습해 본다. 시험 시간을 나눠서 문제 푸는 연습을 해보면 좋다. 각 문제당 얼마나 할애해야 하는지 계획하고 연습해보는 것도 좋은 방법이다.

궁금형은 문제 상황을 다양한 각도에서 바라보며 다양한 방식으로 문제를 풀어보는 연습을 하도록 도와준다.

이는 이해를 돕기 위해 각 성향별 두드러지는 특징에 의한 단편적인 예를 든 것이다. 실제로는 굉장히 심오하고 다각화된 방법으로 접근한다. 이처럼 실전대비연습을 하면 시험 당일에 더욱 자신감 있게 문제를 풀어 나갈 수 있다.

학습 코치가 도와주는 일 (출처: TA 학습경영)

1) 생활 관리

- 생활 습관(기상, 수면시간 체크, 패턴변화 분석)

- 신체 관리(뇌호흡 체조, 골반 교정, 집중력 향상 동작)

- 학습 환경(공부 장소, 소음, 교우관계)

- 쉼관리 (학습패턴에 따른 쉼)

2) 목표 관리

- 기질별 시간 관리(시간개념, 기질별 플래너(TO-DO)

- 기질별 목표 관리(학습에 대한 목표관리 방법, 목적과 변화에 대한 이애, 우선순위 찾는 방법, 목표의 경중 구분법)

3) 학습관리

- 기질별 정리 패턴(기질마다 데이터를 정리하는 방법- 쓰기, 말하기, 그리기 등)

- 기질별 구조화 패턴(이미지 구조화, 마인드맵, 목차 구조화)

- 기질별 기억법(뇌구조 이해, 목차암기법, 이미지 기억법, 문자 활용법 등 기질에 맞는 방법 코딩)

- 기질별 수업 시간 활용법(예습, 복습, 수업참여 활용)

- 기질별 문제 해결법(문제를 접근하는 순서가 다름- 두괄식, 미괄식, 양괄식 등)

- 국/영/수/사/과 구조화

4) 멘탈관리

- 시험 준비(시험기간의 패턴의 변화 익히기, 기상,수면 시간 변화)

- 기질별 시나리오(시험에서 기질별 실수 요소들을 사전에 연습)

3부

내 아이 원석에서 진짜 보석으로

3

내 아이 원석에서 진짜 보석으로

부모   **1단계** : 아이 기질 파악 / 욕구&재능 파악

           2단계 : 인정 수용 박수

           3단계 : 기도 감사

아이   **1단계** : 기질 파악으로 나의 욕구 재능 파악

           2단계 : 나의 강점 알기

           3단계 : 나의 학습 스타일 알기

           3단계 : 목표 세우기 / 멘탈 잡기

           4단계 : 노력하기 (심화)

           5단계 : 성과 내기

부모의 태도에 따른 자녀의 행동

부모의 태도	자녀의 느낌
볼 때마다 잔소리한다.	공부의 능률이 떨어진다.
다른 아이들과 비교한다.	공부에 대한 나쁜 기억으로 체한다.
못마땅한 표정으로 눈총준다.	자포자기할 수 있다.
자녀가 무엇을 원하는지 무관심하다.	자신감 부족으로 상실감이 온다.
강요한다.	사회와 안 맞는 느낌이 든다.

부모의 태도	자녀의 느낌
자녀의 기질을 이해하고 존중한다.	공부에 대한 좋은 기억을 하게 된다.
자녀의 미숙함을 인정 함께 고민하고 문제를 극복하는 과정을 즐긴다.	문제 생기면 부모와 상의한다.
마인드맵을 가르친다.	뭐든 잘 할 수 있다는 자신감이 든다.

1. 아이 자존감 높여주기

백 번 말해도 부족하지 않다. 사람은 성장하면서 다양한 상황에서 크고 작은 어려움을 겪게 되고 이 과정에서 많은 스트레스를 받게 된다. 이때 자존감은 이러한 스트레스를 이겨낼 힘을 만들어 준다. 자존감이 높고 매사에 자신감과 긍정적인 사고방식을 갖게 된다면 이러한 어려움을 대처하고 극복할 수 있는 마음을 가질 수 있다. 공부할 때 자신의 능력을 믿고 할 수 있을 거라는 긍정적인 마음으로 임하기 때문에 상대적으로 높은 성적을 거둘 수 있습니다. 자존감이 높은 아이는 공부를 잘할 수밖에 없다.

'자존감'과 '자존심' 모두 '자기 자신을 존중하는 마음'이라는 뜻이 있다. 하지만 이 둘은 존중의 대상이 누구인가에 따라 완전히 다른 의미가 된다. 자존감은 스스로 자신을 사랑하고 존중하는 마음, 자존심은 타인으로부터 나의 가치와 품위를 지키려는 마음이다. 자존감이 높은 사람은 타인의 말이나 평가가 어떠하든 상관없이 여전히 자신을 존중하는 마음을 갖지만 자존심이 높은 사람은 자기 가치를 타인을 통해 찾으려는 마음이 크다 보니 타인에게 좋지 않은 평가를 받으면 방어하거나 공격하는 마음을 품게 된다.

그렇다면 내 아이의 자존감을 높여주기 위해 부모는 어떻게 해야 할까? 공부를 잘해서 반에서 1등을 하면 자존감이 확 좋아질까? 칭찬은 고래도 춤추게 한다고 했으니 작은 일에도 무조건 칭찬을 남발하면 자존감이 올라갈까?

자존감 높이는 칭찬의 기술에는 2단계가 있다.

1) 아이를 있는 그대로 인정, 수용하기

앞에서 말한 기질별 씨앗을 인정하고 수용하기이다. 그러기 위해서는 기질별 욕구를 알아야 한다. 내 아이가 행동형(active)이라면 자녀는 하고 싶은 일에 열정을 갖고 도전하고 다른 사람들로부터 내가 대단한 사람이라고 인정받을 때 기운이 난다. 즉 나의 욕구를 이해하고 수용해 줄 때 지지, 박수, 믿음을 줄 때 힘이 나고 기가 산다. 따라서 사람들 앞에 서는 기회를 자주 주고 작은 것이라도 칭찬을 많이 해주면 좋다. **행동형이다 보니 가끔 돌발적 행동들이 나올 수도 있음을 미리 인지한다.**

'우리 철수는 반장선거에 나가고 싶구나. 누구보다 리더십을 멋지게 발휘할 수 있을 거야. 짱. 대단해.'

파도와 같은 행동형 기질들은 두려워하지 않은 도전 정신으로 리더십과 자기과시를 한다. 때론 돌발적 행동들로 현실성을 고려하고 이유를 따지기 전에 행동부터 하는 경우도 있으니 그럴 때 특히 믿음으로 기다려줄 필요가 있다.

'우리 철수, 멋지게 도전했는데 생각처럼 잘 되지 않아서 속상했구나. 괜찮아. 그럴 수 있어. 힘들 땐 엄마, 아빠가 도와줄 테니 너무 낙담하지 마렴.'

이렇게 아이의 타고난 기질을 부모가 인정할 때 아이는 내가 충분히 존중받을 만한 사람임을, 내가 살아갈 세상이 두렵지만은 않고 안전하다는 생각을 하게 된다. 그러면서 나의 기질의 강점은 살리고 약점은 보완하며 기질이 점점 더 나은 방향으로 나아가며 성장하게 된다.

아이의 기질. 부모가 야단친다고 해서 고쳐질 수 없다.

미국의 정신건강의학과 의사이자 유전학인인 클로드 로버트 클로닝거 박사는 기질이란 다양한 환경자극 유형(새로움 위험 혹은 처벌, 보상 부재 등)에 관한 자동적인 정서 반응이라고 했다. 아이가 계속 지적 받음에도 항상 반복적으로 하고 야단맞는 그 행동이 부모를 화나게 하려고 일부러 그러는 것이 아니라 자동으로 나오는 행동이라는 얘기다.

다시 말해 기질은 야단친다고 다듬어질 수 없다. 부모가 수용하지 않고 그냥 눌러버린다면 아이는 '내가 일부러 그러는 게 아닌데. 부모가 계속 화를 내는 거 보니 나는 나쁜 아이인가 봐.' 속으로 자책하고 자존감은 땅으로 떨어지게 된다.

아이의 이런 욕구들은 나쁜 게 아니다. 행동형 기질인 경우 도전정신과 열정이 넘친다. 아직 미성숙한 기질로 앞뒤보지 않고 달리다 보니 성급해 보일 수 있다. 그러다 보니 여러 가지 실수들이 있을 수 있다. 그런 일로 아이를 닦달해서는 안 된다. 아이의 욕구는 나쁜 것이 아니라 자기가 타고난 기질을 아직 조절하기 어려워 좀 더 성숙한 방법으로 행동하지 못하는 것뿐이다. 따라서 욕구는 비난 받아서도 안 되고 고쳐주어야 할 나쁜 버릇도 아니다. 혹시 실패를 하더라도 긍정적으로 받아주자. 자녀가 부정적이거나 공격적인 감정을 표현하더라도 그대로 모두 받아들여진다고 느끼도록 반응해 주자.

2) 공감의 힘으로 아이 자존감 올려주기

친구나 가까운 지인이 힘든 속 이야기를 꺼냈을 때 같이 속상해 하며 눈물을 글썽인 적 누구나 한 번쯤은 있을 것이다. 왜 이런 일이 생길까? 바로 공감이 되어서이다. 공감을 한다는 건 타인의 감정을 자신의 것처럼 느끼는 걸 의미한다. 사람과 사람을 이어주는 것은 공감과 존중에서 시작된다.

"그래, 힘들었겠구나, 그럴 수도 있겠다. 내가 무엇을 도와주면 좋을까?"

그렇다면 우리 아이에게 공감의 힘을 어떻게 사용하면 좋을까?

① 정서적 공감

내가 졸리지 않아도 하품하는 사람을 보면 같이 하품하게 되고 책에서 총에 맞는 장면을 읽으면 내가 총에 맞은 것처럼 아픔을 느껴본 적 있을 것이다. 이는 일시적으로 타인의 생각과 감정을 상상하고 정서적으로 경험하기 때문이다. 이처럼 나에게 어떤 물리적 일이 일어나지 않았지만 감정이 공유되는 경험을 **정서적 공감**이라고 한다.

1970년대 하버드 대학 트로닉 박사가 3~6개월쯤 된 아기를 데리고 '굳은 표정'이라는 실험을 했다. 평소와 같은 표정을 짓던 엄마가 갑자기 2분 동안 전혀 감정을 드러내지 않고 무표정으로 아기를 바라보자 아기는 처음에는 놀라다가 시간이 갈수록 얼굴을 찡그리고, 끝내는 소리를 지르며 울었다.

우리 아이가 시험을 망쳐서 또는 친한 친구와 싸워서 속상해 할 때 화를 내기보다 먼저 엄마도 속상하다는 것을 공감하고 표현해주면 된다. '성적이 떨어져서 얼마나 속상하니?' 이런 식으로 자녀와 정서적인 공감을 해주면 아이 마음은 편해진다.

② 인지적 공감

이는 아이의 입장에 서서 마음을 이해하는 것이다. 인지적 공감을 하기 위해서는 무엇보다 나와 너의 마음이 다르다는 것을 이해해야 한다. 상대는 나와 다른 마음과 기질을 가진 독특한 인간임을 받아들일 수 있을 때

인지적 공감이 가능해진다.

옛날에 소와 사자가 있었다.

둘은 너무 사랑해서 결혼했고 항상 서로에게 최선을 다하기로 약속했다.

소는 사자를 위해 날마다 제일 맛있는 풀을 대접했다.

사자는 싫었지만 소를 사랑하므로 참고 먹었다.

사자도 매일 소를 위해 가장 연하고 맛있는 살코기를 소에게 대접했다.

고기를 먹지 못하는 소도 괴로웠지만 사랑하므로 참고 먹었다.

하지만 참는 데도 한계가 있어서 결국 소와 사자는 크게 다투고 끝내

헤어지게 되었다. 헤어지면서 서로에게 한 말은

"나는 당신에게 최선을 다 했다!"였다.

소와 사자의 예시에서도 볼 수 있듯이 인지적 공감능력을 높이기 위해서는 아이의 마음을 쉽게 속단해서는 안 된다. 서로의 입장과 기질이 다름을 이해하고 존중해야 한다. 아이 마음을 내 기질대로 끌고 가면서 아이를 이해한다고 단정해서는 안 된다. 내가 너를 이해한다는 그 말이 아이에게는 오히려 마음의 벽을 만들 수 있다.

③ 행위적 공감

이는 공간적 돌봄으로 배려와 친절을 말한다. 아이의 고통을 덜어주고 위로와 보살핌을 주기 위해서는 아이의 고통을 안타깝게 여기는 정서적 공감과 감정을 조절할 수 있는 능력 등이 복합적으로 필요하다. '어쩌면 좋니?'라는 말로 공감은 하지만 막상 행동으로 이어지지 않는 경우가 많

다. 내 아이의 고통을 덜어주기 위해서는 실제로 아이가 행복하고 평온하기를 진정으로 바라는 행동과 보살핌이 필요하다.

세 단계의 공감을 통해 아이는 높은 자존감을 가질 수 있다. 높은 자존감을 갖는다는 것은 안하무인으로 자라는 것과는 다르다. 아이는 자라면서 세상의 거절, 부정적인 현실들과 마주하는 순간들이 많이 온다. 부모가 언제나 그런 순간을 막아주거나 보호할 수는 없다. 그러나 자존감이 높은 아이는 그런 어려운 순간에도 나를 따뜻하게 바라봐주는 공감의 눈빛을 기억한다. 그리고 그 눈빛을 통해 내가 괜찮은 아이라는 믿음을 간직할 수 있다. 그래서 어려움이 닥치더라도 자신을 보호할 힘을 갖게 된다.

3) 자존감 높은 부모 되기

"자녀가 어떻게 자라길 바라세요?"
부모 교육 강의 중, 부모들에게 질문하면 비슷한 내용의 대답이 나온다.
"자존감이 높고 공부도 잘하는 아이. 자기가 원하는 일 하면서 행복하게 살았으면 좋겠어요"
그렇다면 여러분의 자존감은 어떤가요?
'보통이요.'
생각보다 자존감이 높다고 생각하는 부모가 많지 않았다. 부모가 행복하고 자존감이 높아야 아이도 그렇다. 엄마의 낮은 자존감이 아이에게 영향을 미칠까 걱정된다는 분들도 많다. 행여 자기와 비슷한 모습을 드러내면 불안하고 자책하게 되고 결국은 화가 나서 아이를 다그치고 잔소리만 많아진단다. 부모의 자존감이 낮다는 말은 현재의 삶이 만족스럽지 않고 심리적으로 힘든 데다가 아이 때문에 걱정과 부담을 한 아름 지고 있다는 것이다.

자녀에게 부모는 태어나 성장하며 그대로 보고 배울 수 있는 첫 번째 롤모델이다. 부모님의 자존감이 어떠냐에 따라 자녀의 자존감 형성에 큰 영향을 준다. 따라서 부모부터 먼저 나를 알고 스스로를 사랑하며 자존감이 높은 사람이 되도록 하자.

부모가 먼저 나 자신을 진정 사랑하는 방법을 배워야 한다.

나는 누구인가?

나의 강점과 약점은 무엇인가?

나는 언제 가장 행복한가?

나는 무엇에 감사하는가?

내가 가장 사랑하는 사람은 누구인가?

나를 이해할 수 없는 상태에서는 다 소용없는 일이다. 나를 먼저 알고 나의 욕구를 알아 봐야 한다. 나의 풀리지 않는 갈증과 허덕임의 원인을 파악해야 한다. 이렇게 나를 찾는 과정은 행복을 향해 나아가는 과정이다. 행복한 삶을 위해 나를 알아가는 과정에 투자해라. 아까워하지 말자. 행복한 부모가 좋은 부모이다. 내가 행복하고 자존감이 높으면 내 아이는 반드시 자존감 높은 아이로 자란다.

HAPPY MOM

HAPPY HOME

Kamillust & U♡jin Mind

2. 앉아 있는 모습만 봐도 공부할 놈인지, 아닌지

나는 학생들이 앉아 있는 모습만 보아도 공부할 놈인지, 아닌지 알 수

있다. 공부할 마음이 있는 학생들은 의자에 앉는 자세부터 다르다.

꼿꼿하게 수직으로 앉고, 눈빛은 배움에 대한 갈망으로 반짝거린다.

- 손주은, '메가스터디' 대표이사 -

어느 날 고2 친구와 그의 어머님과 상담을 했다. 이야기를 나누는 내
내 아이의 앉은 자세가 불편해 보였다. 이유를 물어보니 얼마 전부터 책상
에 앉으면 통증으로 자세가 불편해진다는 것이었다. 그러다 보니 공부에
집중이 안 되는 것은 당연한 일이었다.

상담과 몇 가지 테스트를 통해 원인을 찾을 수 있었다. 학생들은 의자
에 앉아서 보내는 시간이 많은데, 이때 바르지 않은 자세로 습관이 잡히는
경우 나타나게 되는 체형 변화가 문제였다. 이는 결국 앉아 있는 동안 어깨
나 허리 통증, 혹은 종아리 부종 등으로 인해 공부에 집중하기가 힘들다.

**최근 경인 지역 197개 초중고 학생을 대상으로 한 체형 연구 결과 약
70%의 학생들이 불균형한 체형을 가지고 있으며 이로 인한 불편감을 느
끼는 것으로 나타났다고 한다.** 어깨의 틀어짐으로 인한 등과 어깨 통증,
거북목이나 일자목으로 인한 두통, 골반 틀어짐, 굽은 등, O자 X자 다리
등이다.

이러한 문제가 해결되지 못한 채 지속되면 최근 청소년들의 가장 큰

문제인 척추에 이상이 생기고, 목뼈의 틀어짐으로 뇌에 혈액 공급을 방해하여 집중력이나 학습능력이 저하되고, 심장이나 폐 기능저하, 위장장애, 변비 등의 어려움을 겪게 된다.

학원생 중에서도 책상에만 앉으면 누운 건지 앉은 건지 알 수 없는 기묘한 자세로 앉아 있는 경우들이 많다. 그런데 문제는 정작 본인은 문제점을 인지하지 못하고 있다는 것이다. 자세가 좋지 않다 보니 집중력이 약하다. 조금만 있어도 온몸이 뻐근해지니 화장실 갔다와도 되느냐, 물 먹고 와도 되느냐 하면서 자리에서 일어나는 횟수가 많아진다. 이처럼 자세가 바르지 못 할 경우 집중력도 문제지만 여러 건강 문제의 원인이 되기도 한다. 소화불량, 거북목, 척추측만증, 디스크 등의 다양한 신체적 문제가 생기기도 하고, 운동부족으로 인한 키 성장의 부진이 오기도 한다.

공부 자세가 바르다면? 내 신체가 편안함을 느끼게 되며, 집중력, 기억력, 사고력 등의 발달로 인지발달에 도움을 준다. 자녀가 더욱 배움에 집중하여, 자신이 원하는 결과를 성취할 수 있도록 도와주기 위해 자녀의 자세 습관과 체형의 변화에 관심을 가져야 한다. 내 자녀가 집에서 뿐만 아니라 학교나 학원에서 공부자세가 바른지 한 번씩 꼭 확인해보는 것이 좋다. 학기 초 담임 선생님이나 학원에서 상담 시 반드시 문의할 것 중에 하나이다. 바른 습관을 형성하고 균형 있는 체형을 유지할 수 있도록 전문가와의 상담을 통해 운동과 같은 적절한 방법을 찾아 조기에 해결하는 것이 중요하다. 그렇다면, 어떤 자세가 건강과 집중력향상에 도움을 줄까?

하루는 공조판서 김종서가 의자에 비스듬히 삐딱하게 앉아 있
는데 지나가던 황희 정승이 이를 우연히 보았다.
즉각, 쩌렁쩌렁한 불호령이 떨어졌다.
"보아하니 의자의 한쪽 다리가 짧은가 본데,
당장 달려가 고쳐오너라!"
벼락 같은 스승님의 일갈에 정신이 번쩍 든 김종서는 백배사죄
하고 서둘러 자세를 바르게 고쳐 앉았다.

따뜻하고 온유한 성품으로 알려진 황희 정승조차도 바르지 못한 자세는
절대 봐주지 않았다. 바른 자세에서 진심이 나온다는 것을 잘 알던 그였다.
내 아이가 공부하길 바란다면 일단 자세부터 바르게 앉도록 신경 써주자.

1) 신체도 마음도 챙겨 주세요

몸이 아프거나 자존감이 낮으면 공부 효율이 떨어져 아무리 공부해도
성적이 오르지 않는다. 학습된 무기력이 반복적인 실패를 불러 올 수 있
다. 그러므로 공부 잘하고 싶은 사람은 **몸과 마음을 건강하게 할 의무가**
있다. 저자는 20년 동안 공부법을 연구하면서 공부야말로 진정 자신을 사
랑하고 아끼는 가장 적극적인 방법이라는 걸 알게 되었다.

한번은 고2 어머님이 근심 가득한 표정으로 학원 문을 열고 찾아오셨
다. 초중교 때까지만 해도 전교 회장과 부회장을 도맡을 정도로 리더십도

좋고 활발한 아이였는데 고등학생이 되더니 말문도 닫고 짜증난다는 말만 입에 달고 산다고 했다. 다른 건 그러려니 하지만 이해가 되지 않는 게 하나 있었다. 바로 무엇을 하고 싶은지에 대한 꿈이 없다는 것이었다. 이제 곧 대학교와 과도 정해야 하는데 아직 꿈이 없다 하니 도대체 무엇을 향해 그렇게 애를 쓴다는 것인지 한심하고 답답하다며 이대로 놔둬도 되는지 상담을 청해왔다.

요즘 아이들은 정말 안쓰러울 정도로 우리 때보다 더 치열하게 산다. 그런데 어머니가 언급하신 것처럼 꿈이 없다고 이야기하는 애들도 많고, 대답을 해도 막연히 부자가 되고 싶다거나 유명해지고 싶다고들 얘기를 한다. 근본적인 삶의 동기가 없는 채로 하루하루 힘들어만 하는 수많은 청소년들을 보면 안타까울 때가 많다.

그런데 아이들은 정말 꿈이 없을까? 먼저 너무 지쳐 있다는 걸 주목할 필요가 있다. 아이들은 이미 초등학생 때부터 입시를 향해 10년 이상을 쫓기듯 달려왔으니 지쳐 있는 상태일 수 있다. 아이가 겉으로는 아무 문제 없어 보인다고 해서 마음까지 건강할 거라 생각하지 마라. 어른들도 어떤 일을 할 때 몇 년이 넘어가면 소진되고 지치는데 아직 어린 아이들이 10년 이상을 쫓기듯 달려왔으니 의욕과 의지가 남아있는 게 더 신기하다. 어른들도 소진되어 있을 때 누군가가 "당신 미래의 꿈은 무엇인가요?"라고 물으면 짜증만 나지 않는가.

많은 아이들이 정신적으로 너무 힘들어하고, 이런 방식 아래서는 건강한 사회인으로 자라기도 어려울 수 있다. 그러면 어떻게 해야 할까? 우리는 아이들 마음을 살펴보고, 돌봐주어야 한다. 그것이 부모의 의무이다. 정서가 무너진 아이가 어떻게 마라톤 같은 학습에서 좋은 성과를 낼 수 있겠는가? 아이들과 정서적 소통을 해야 한다. 그러면 이렇게 말씀하는 부모가 많을 것 같다. "누가 안 하고 싶어서 안하나요? 나는 하고 싶은데 애들이 협조를 안하는 거지요."

그런데 아이들은 부모와 왜 대화를 하고 싶어 하지 않을까? 그 이유는 다음과 같다. 자기들이 하고 싶은 말을 하는 것이 아니고 부모가 하고 싶은 말을 하기 때문이다. 아이들도 자신의 이야기를 하고, 위로를 받고 격려를 받고 싶어 한다.

요즘 부모들은 경청법, 공감법, 대화 기법 등을 이론적으로 잘 알고 있다. 그래서 처음에는 대화가 매끄럽게 시작하지만 어느 순간 잔소리를 하면서 대부분의 대화가 종료된다. 그런데도 아이와 대화를 잘했다고 착각하시는 부모들이 많은데 말투나 대화 내용은 기억하지 않고, 아이들을 사랑했던 마음과 의도만 기억하기 때문이다. 그러나 이런 대화를 몇 번 하고 나면 아이는 부모와 소통을 단절해 버린다.

아이들과 대화를 시작할 때 성적이 아닌 다른 주제로 시도해 보시기를 권하고 싶다. 조금만 둘러보면 음식, 스포츠, 연예인 등 아이의 관심사는 많다. 또 시간이 별로 없다면 그냥 듣기만 하고 끝내도 좋다. 잘 들어주기만 해도 좋은 대화이기 때문이다. 부모가 자신의 이야기를 들어주었다고 생각하면 아이들은 편안해지고 행복해진다.

Kamillust & U♡jin Mind

저자는 내담자에게 꿈에 대해서 자녀분과 다시 한번 차분히 이야기해 보기를 권했다. 부모와 함께 꿈을 찾는 과정 자체가 중요하기 때문에 성공과 실패의 여부에 대해서는 잠시 뒤로 미루라고 했다. 꿈이란 어느 날 갑자기 하늘에서 뚝 떨어지는 것이 아니고 고민과 시행착오를 거쳐서 굳건해지기 때문이다. 중요한 것은 부모가 옆에 있어주며 조언을 해주되 선택은 아이 스스로 해야 한다는 사실이다. 스스로 찾은 꿈을 찾아 노력하는 아이는 의미 있는 결실을 낼 것이라고 믿는다. 만약 당장의 결과가 별로 좋지 않더라도 그 아이는 그 곳에서 교훈을 얻어 더욱 더 성장할 것이기 때문이다.

3. 빠르게 변하는 시대, 아이답게 재능 발휘하도록

1) 4차 산업혁명 시대 대비 전략

4차 산업혁명(4IR; Fourth Industrial Revolution)은 18세기 초 산업혁명 이후 진행되어 온 4차 주요 산업 시대를 말한다. 2010년대부터 물리적, 디지털 및 생물학적 세계가 융합되어 모든 학문, 경제, 산업 등에 새로운 기술영역의 등장을 뜻한다. 4차 산업 혁명 시대로 급격한 사회의 변화가 시작되고 있다. 인공지능, 가상현실, 사물인터넷, 증강현실, 3D 프린팅과 코딩, 생명과학과 테크놀로지의 융합 등을 볼 수 있다.

4차 산업 혁명으로 우리 사회는 산업 전반에 걸쳐 빠르게 진행되고 있으며 예측하기 어려운 형태로 우리 삶을 변화시키고 있다. 경제, 고용, 교육, 일상생활에서 기존의 생각만으로 아이의 능력을 평가해서는 안 된다. 그동안 우리가 생각해왔던 진로와 직업의 패러다임이 바뀌고 있다. 패러다임이란 한 시대의 사람들의 견해나 사고를 근본적으로 규정하고 있는 인식의 체계를 말한다. 작게는 능력과 역량의 차이에서부터 거시적으로는 직업 세계가 크게 변하고 있는 것이다.

창의 융합형 인재를 위한 6개 핵심역량		
지식정보처리	자기관리	심미적 감성
의사소통	공동체	창의적 사고

이에 따라 아이들이 미래를 더 잘 대비하기 위해서는 단순히 학교 성적만을 추구하는 것이 아닌, 창의적인 사고와 혁신적인 태도를 기를 필요가 있다. 사춘기 시기에 이러한 능력과 마인드 셋을 갖추기 위한 전략이 필요하다. 아이들의 무한한 잠재력을 개발하고, 적응하고 혁신할 수 있는 능력을 함양해야 한다. 자신감을 가지고 긍정적으로 나아갈 수 있도록 지원하며, 끊임없는 성장과 발전을 위한 길을 제시해야 한다.

첫째, 다양한 관심 분야를 탐구하고 실험하도록 유도하는 것이 중요하다. 아이들은 다양한 분야에서 감정을 경험하고, 자신의 잠재력을 발견하는 기회를 가져야 한다. 예를 들어, 프로그래밍, 디자인, 예술 등 다양한 분야의 활동을 통해 자신의 관심과 재능을 찾을 수 있도록 도와주는 것이 좋다.

둘째, 문제 해결 능력과 협업 능력을 강화하는 환경을 조성해야 한다. 4차 산업혁명은 복잡한 문제들을 다양한 관점에서 해결해야 하는 시대를 요구한다. 이를 위해서는 팀 프로젝트나 협업 활동을 통해 자신의 아이디어를 나누고, 다른 사람의 의견을 수렴하는 경험을 쌓을 수 있도록 돕는 것이 중요하다.

마지막으로, 지속적인 학습과 열린 마음을 유지하도록 격려해야 한다. 기술과 지식은 빠르게 진화하고 변화하고 있다. 따라서 아이들에게 끊임없이 새로운 것을 배우는 습관을 기르고, 실패와 변화에 대한 두려움을 극복하는 자세를 갖게 하는 것이 필요하다.

지현이는 중3이다. 지현이는 평소 글쓰기를 좋아하며, 그림 그리기에도 흥미를 느끼고 있다. 그림과 함께 이야기를 만들어보며 자신의 재능을 찾아가는 과정에서 자신감을 키워나가고 있다. 그녀의 부모님은 자녀의 창의력과 표현력을 개발하기 위해 여러 가지 창작 활동을 지원하고 있다. 또한, 협력과 문제 해결 능력을 강화하기 위해 팀 활동을 지원하고, 다른 사람의 의견을 듣고 받아들이는 자세를 갖도록 격려한다.

마지막으로 지현의 부모님은 새로운 일을 배우는 것의 중요성을 강조한다. 개발되고 있는 기술과 트렌드에 대해 관심을 가져야 한다고 가르치며, 지속적인 학습을 통해 자신을 더욱 발전시킬 수 있도록 돕는다. 덕분에 지현이는 실패를 두려워하지 않고 도전하는 자세를 가지며, 끊임없이 새로운 것을 시도하며 성장하는 모습을 보인다.

이처럼 지현은 자신의 창의력, 협업 능력, 지속적인 학습과 성장을 통해 4차 산업혁명의 미래에 대비하고 있는 소녀이다. 그녀의 부모님은 지

현의 무한한 잠재력을 개발하고, 변화에 적응하며 혁신적인 사고를 키울
수 있도록 노력하고 있다.

이번에는 고1 친구인 지민이 예를 들어보자.

지민은 컴퓨터와 프로그래밍에 관심이 많다. 그는 코딩 동아리에 참여
하여 웹 사이트 제작이나 앱 개발을 해보며 자신의 능력을 발전시키고 있
다. 그의 부모님은 지민의 컴퓨터 능력을 인정하며, 이를 미래에 혁신적인
분야에서 활용할 수 있는 기회로 생각하고 있다.

최근에는 로봇을 활용한 환경 보호 프로젝트를 반 친구들과 함께 기획
하고 발표하는 데 성공했다. 평소 부모님이 협력과 문제 해결 능력을 키우
기 위해 이러한 팀 활동을 지원한 덕분이다. 지민이가 다양한 분야에서 협
업하며 문제를 해결하는 자세를 익힐 수 있도록 돕고 있었다.

또한 지민의 부모님은 끊임없이 배우고 발전하는 습관을 길러주고 있
다. 그들은 인터넷 강의나 온라인 리소스를 활용하여 새로운 기술 동향을
지민에게 소개하며, 지속적인 자기 계발의 중요성을 강조한다. 지민은 이
러한 지속적인 학습을 통해 미래의 변화에 대비하며 새로운 도전에 두려
움 없이 임할 수 있는 자세를 가지고 있다.

2) 고교학점제 대비전략

교육부가 〈코로나 이후 미래 교육 전환을 위한 10대 정책과제〉에서
제시한 교육과정 개정 추진 방향이 있다. 학생 맞춤형 교육 체제, 삶과 연

계한 주제 중심 교육 과정 개선, 교육과정의 다양화가 바로 그 내용들이다. 시대가 요구하는 역량, 기업이 요구하는 역량이 변화되었기 때문에 교육과정도 변하고 있다.

그리고 여기서 가장 핵심적인 축이 되는 것이 바로 고교학점제이다. 이는 단순히 수업의 형태를 바꾸는 것이 아니라 '시공간을 넘어선 미래형 교수, 학습 및 평가 재설계'라는 구체적 제도의 내용의 변화가 담겨 있다. 고교학점제는 학생이 자신의 진로에 맞는 과목을 선택하여 듣고 고등 3년 동안 192학점을 이수하면 졸업을 할 수 있는 제도이다. 이것은 교육계의 획기적인 변화가 아닐 수 없으며 앞으로의 입시 방향을 예측할 수 있다.

이러한 제도에서는 학습 성향별로 적합한 학습 방법을 찾아 공부를 꾸준히 하고 성적을 유지하는 것이 중요하다.

말 잘하는 학생들은 발표나 토론을 통해 지식을 공유하고, 자신의 의견을 표현하는 것에 능숙하다. 따라서 이러한 학생들에게는 토론이나 발표를 할 수 있는 기회를 제공하면 좋고 스피치나 논문 작성과 같은 활동을 통해 글쓰기 능력을 향상시키는 것도 좋은 방법이다.

계획적이고 체계적으로 공부하는 학생들은 일정한 목표를 세우고 그것을 달성하기 위한 계획을 세우는 것에 능숙하다. 이러한 학생들에게는 학습 계획서나 시간표를 만들어주는 것이 좋다. 또한, 자기 관리 능력을 향상시키기 위해 습관적으로 일어나는 것과 같은 일상적인 일들을 체계적으로 관리하는 것도 좋은 방법이다.

논리적인 사고를 가진 학생들은 문제를 해결하거나 논리적인 설명을 해야 할 때 뛰어난 성과를 보인다. 따라서 이러한 학생들에게는 논리적인 사고력을 향상시키기 위해 수학이나 논리학 공부를 권해주는 것이 좋다. 또한, 토론이나 논문 작성을 통해 논리적인 사고력을 향상시키는 것도 좋은 방법이다.

또한 창의적인 학생들은 새로운 아이디어나 방법을 제시하는 것에 능숙하다. 창의적인 문제 해결 능력을 향상시키기 위해 예술, 디자인, 문학 등 창의적인 분야에 노력을 기울이는 것이 좋다. 또한, 토론이나 논문 작성을 통해 자신의 아이디어를 제시하고 다른 사람들의 의견과 피드백을 받는 것도 좋은 방법이다.

그리고 모든 학생들에게 공통적으로 필요한 것은 꾸준한 노력과 자기 관리 능력이다. 일정한 시간을 공부하는 습관을 가지고, 목표를 세우고 그것을 달성하는 노력을 기울이는 것이 중요하다. 또한, 스트레스를 관리하고 건강한 생활 습관을 유지하는 것도 성적 향상에 큰 도움이 된다.

마지막으로, 학생들에게는 강한 동기부여와 목표의식이 필요하다. 대학교 입학을 위해서 노력하는 것은 물론이고, 자신의 꿈과 목표를 이루기 위해 학습하는 것이 중요하다. 이를 위해 선생님과 학부모님은 학생들에게 긍정적인 동기부여와 지도를 제공해 주어야 한다.

종합적으로, 고교학점제에서 성공하고 대학교에 입학하기 위해서는 기질별로 적합한 학습 방법을 찾아주는 것이 중요하다. 각 학생들의 특성과 성격에 맞게 학습 환경과 방법을 제공해주면서, 꾸준하고 자기 관리 능력을 갖추며 목표를 향해 노력하는 것이 중요하다.

3) 믿어주는 만큼 아이는 자란다

"우리 철수 대통령이 꿈이구나. 그럼 대통령 되고 말고."

초등학교 때는 우리 아이들이 '대통령이 꿈이다'라고 말해도 그저 이 쁘기만 했을 것이다. 그런데 칭찬과 격려를 아끼지 않던 우리 부모들의 모 습은 다 어디로 갔을까? 초등학교 때만 해도 대통령이 꿈인 애들이 많았 는데 중학교 들어가면서는 거의 없다. 왜 그럴까?

청소년기의 가장 큰 과업은 바로 공부다. 우리나라 입시의 가장 큰 문 제지만 달리 말하면 공부 때문에 자기 정체성이 규정되기도 한다. 공부 잘 하는 애는 무한한 가능성으로 칭찬받고 공부 좀 못하면 앞으로까지 가능 성까지 재단되고 원천 차단되어 버린다.

좀 더 극단적으로 말하면
너는 지금 공부를 못하니까 앞으로도 무슨 일이든 잘 못할 거야.
너는 지금 특별반 못들어갔으니 앞으로도 그냥 그렇게 살 거야.

저자는 시골의 평범한 가정에서 자랐다. 부모님은 많이 못 배우고 연 로하신 분들이셨지만 자녀들을 믿고 자존감을 길러주는 일을 잊지 않으 셨다. 엄마의 믿음과 말씀대로 사교육 없이 초등학교 6학년 때 전교 1등 을 하게 되었다. 공부에는 그다지 관심도 없던 아이였는데 말이다. 학교에 서 학원에서도 점수로 등수로 평가받는 우리 아이들이 집에서만큼은 무조건적인 지지와 믿음으로 마음의 쉼을 얻게 해주자. 부모가 해 줄 수 있는 가장 큰 것은 '심리적인 지지'이다.

그 어떤 학습법보다 중요한 것은 부모가 우리 아이를 믿어주고 격려해주는 것이다. 아이들 가슴속에는 아주 큰 아이가 한 명 더 들어 있다. 몸은 큰데 마음은 아직 작은 아이. 이게 매칭이 안 되다 보니 혼란스럽다. 이게 바로 사춘기이다. 덩치는 크지만 아이들은 아직 아이이다.

잊지 말자! 우리 아이들을 믿어주자! 또 스스로를 믿게 해주자! 우리 부모님이 그랬던 것처럼 최고의 선물은 끝까지 믿어주는 것이다. 우리 아이들이 뭘 해도 예쁘던 때로 돌아가자. 어머님들이 간혹 이렇게 얘기한다. '애가 성적이 오르면 내가 믿어줄게요.' 그건 학교에서 학원에서 알아서 해줄 일이다. 엄마는 그저 믿어주면 된다. 가장 중요한 건 엄마의 지지와 믿음, 그리고 사랑이다.

"엄마, 요즘 교육 패러다임이 바뀌고 있다는데요?"
"오호, 우리 딸. 드디어 공부에 관심을 갖는 거야. 너무 기쁜데."
"놀리지 마세요. 이제 실컷 놀았으니 노는 것도 지겹고 공부 좀 해보려고요."
"아구구. 역시 내 새끼. 난 널 믿고 있었지."
"그동안 사춘기라고 말 안 듣고 속만 썩이고 죄송해요."
"괜찮아. 엄마가 더 고마워. 그리고 바뀌는 교육 패러다임 중 하나는 '맞춤 학습법'이야. 이제는 모두가 같은 속도로 학습하는 게 아니라, 각자의 속도와 스타일에 맞춰서 공부하게 돼."

"그럼 어떻게 맞춤 학습을 하나요?"

"너의 강점과 관심 분야를 먼저 알아보고, 그걸 기반으로 학습 계획을 세워. 예를 들어, 네가 수학보다 예술을 더 좋아한다면, 예술 분야에 더 집중하면 돼."

"아하. 또 있나요?"

"자기주도적 학습도 중요해. 이제는 스스로 목표를 설정하고 계획을 세우며 스스로 공부하는 능력이 더 중요해."

"자기주도적 학습은 어떻게 하는 거죠?"

"스스로 뭐가 중요하고 어떤 방식으로 공부하는 게 좋을지 고민하면 돼. 일단 목표를 세우고, 어떤 자료를 찾아볼지, 어떤 방법으로 복습할지 계획을 세우는 거야."

위의 대화를 보며 어떤 생각이 드는가? 사춘기 아이와 이런 대화를 한다는 건 있을 수 없는 일이라고 생각하는가? 그렇지 않다. 부모가 아이를 믿고 기다려주면 언젠가 아이는 돌아온다. 그날을 위해 부모는 빠르게 변하는 시대를 공부해야 한다. 교육도 사회의 발전과 함께 빠른 속도로 변화하고 있다. 이러한 변화에 대비하여 맞춤 학습법은 교육의 패러다임을 대비하는 중요한 전략이 될 것이다.

맞춤 학습법은 학생 개개인의 학습 성향과 능력을 고려하여 교육 내용을 구성하는 방법이다. 이는 일반적인 교육 방식과 달리, 학생들의 다양한 특성을 인식하고 이에 맞게 학습 경험을 제공하는 체계를 구축하는 것을 의미한다. 아이의 학습 성향에 적합한 방법을 찾았을 때 자율성과 주체성을 안내해 줄 수 있다.

그 좋다는 학습법도 내 아이에게는 독이 될 수 있다. 건강식품 인삼이 모든 사람에게 다 좋은 것은 아니듯 좋은 학습법이라는 게 내 아이에게 적합하지 않을 수 있다. 막연히 좋은 방법을 가르치는 것이 아니라 내 아이 기질에 맞는 방법을 아이와 함께 찾아가야 한다. 그것이 진정 자율성과 주체성을 강조한 자기 주도 학습인 것이다. 급변하는 시대에 나는 어떤 엄마인지, 이전의 구시대적인 생각으로 아이를 학습시키려고 하지 않는지 고민해봐야 한다.

한 어머님이 있었다. 행동형 기질답게 화끈하고 진취적인 여성이었다. 모든 일은 마음먹은 대로 다 이루어진다는 긍정적인 사고방식과 열정이 눈빛에서부터 나왔다. 일이든 학습이든 무슨 일이든 해서 안 되는 이유는 내가 나약하기 때문이라고 생각하시는 분이었다.

이런 분에게 가장 큰 걱정거리는 바로 중3의 아들이었다. 아들은 감성형 기질이었다. 잔잔한 호수와 같은 기질로 집에서 조용히 책을 보거나 나만의 시간을 갖기를 원했다. 열정형의 어머니가 정서형 아들을 봤을 때 답답하고 이해하기 힘들었다.

나름 사회성을 키우겠다고 태권도장, 축구 등에도 보내봤지만 소용이 없었다. 하루는 아이의 멘탈을 잡고 담력을 키워보겠다고 비오고 천둥치는 밤에 데리고 나가서 "나는 할 수 있다!"를 10번 외치게 했다고 한다. 아이는 싫지만 엄마한테 혼나기 싫어 빗속에서 울면서 외쳤다. 그러나 그 이후 상황이 어떻게 됐을까? 엄마의 바람대로 아이가 멘탈이 강해지고 공부에도 더 의욕적으로 됐을까? 결과는 정반대였다. 그날 이후로 아이와 사

Kamillust & U♡jin Mind

이는 더 안 좋아졌고 방문을 꼭 걸어 잠근 채 공부도 아예 놔버리는 지경에까지 가게 되었다.

나는 어머님께 말했다.
"어머님 아이에게 꼭 사과하셔야 합니다."

나와의 상담을 통해서 어머님은 아이의 기질을 이해하고 수용하게 되었다. 그리고 모자의 관계도 시나브로 좋아지게 되었다. 세상은 급변하고 있는데 부모는 아직 90년대의 생각으로 내 아이를 좌지우지하려고 해서는 안 된다. 부모도 계속해서 배워야 한다. 교육계도 시대의 변화에 발맞추어 조금씩 바뀌고 있는 상황 아닌가. 내 아이가 변하는 입시, 환경에서도 나의 심리적 재능을 마음껏 발현하도록 하기 위해서는 무엇보다 부모의 지지, 응원이 필요하다.

그동안 교육 체계에서는 저마다 가진 재능을 고려하지 않고 공정성을 내세워 획일적인 잣대로 아이를 평가하기 바빴다. 그래서 오리에게 나무타기 능력으로 평가하니 오리는 평생 자신이 바보라고 생각하고 살아가는 비극에 처하게 되었다.

그렇다면 4차 산업혁명과 고교학점제를 대비해서 우리 아이에게 필요한 지능은 무엇일까? 개인내 지능이 뛰어난 사람은 자기 성찰을 잘 하는 사람이다. 자기 성찰을 공부해서 배워도 어렵게 느끼는 사람이 있고 따로 배우지 않았는데도 저절로 습득하는 사람이 있다. 이것 또한 재능이다.

또한 다른 사람의 의중을 잘 파악하고 공감력이 높은 사람이 있다. 학업은 어려워 하는데 친구들과의 공감 능력이 좋으니 인기도 많고 관계도 좋다. 바로 대인관계 지능이 뛰어난 아이이다.

자연주의적 지능은 어떠한가? 자연을 좋아하고 자연에서 평안함을 얻는 사람이다 보니 동물을 좋아하고 동물과 교감 능력도 뛰어나다. 이런 지능이 높은 아이들은 수의사나 동물 조련사, 생물학자나 식물학자 등 자연과 동식물 관련 작가나 유튜브 크리에이터(콘텐츠)와 같은 분야에서 뛰어난 능력을 보일 수 있다.

또한 대학에 나오지 않고도 기존의 세상이 만든 틀을 깨부수고 자신이 만든 새로운 세상에서 멋지게 성공한 사람들이 있다. 이들에게는 남들이 가지 않아서 힘들지만 자신이 선택한 길을 만들어 가는 도전 정신, 남들의 시선에 연연하지 않고 자신의 선택을 믿는 높은 자존감과 시대의 흐름에 따르고 함께 아파할 줄 아는 뛰어난 공감능력이 있다.

아직도 언어 지능과 논리, 수학 지능으로 우리 아이를 평가할 것인가?

이처럼 빠르게 바뀌는 세상에서 기성세대가 만든 틀로 아이들에게 어떤 직업으로 어떤 삶을 살아가라고 조언하기는 쉽지 않다. 앞으로 올 세상은 지금껏 기성세대가 한 번도 경험한 적 없고 지금까지 기성세대가 살았던 세상과는 완전히 다르기 때문이다. 부모들의 섣부른 판단으로 아이의 진로를 예측하거나 이끌어줄 수 있다는 생각은 버려야 한다. 앞으로 우리 아이들이 살아갈 미래의 세상은 어떤 일을 하든지 직업의 전문성은 다양하고, 평생을 일해야 하는 100세 시대이다.

그러나 문제는 아이조차 자기 자신을 모르고 자신을 찾으려는 노력조차 하지 않는다는 것이다. 어릴때부터 지속적으로 한 방향으로 교육받아왔기에 다른 길이 있다는 생각조차 하지 못한다. 이제 부모가 해야 할 일은 아이의 잠재력을 찾아내어 최대한 발현되도록 돕는 것이다. 우리 아이의 다양성(diversity)을 인정하고 받아들이고 존중해준다면 아이의 장점과 잠재력이 더 잘 보이게 된다. 내 아이가 무엇을 좋아하는지, 무엇을 하고 싶은지 신중하게 생각해보고, 결정을 내리는 자세가 필요하다.

4. 엄마도 아이와 함께 성장한다.

엄명자 작가가 쓴 『초등 엄마 거리두기 법칙』이라는 책에서 저자는 교사와 어머니로 많은 역할을 이행하며 살아오며 쌓은 삶의 지혜를 책 속에 고스란히 녹여냈다. 그중 기억에 남는 부분은 'part 3 행복한 엄마는 지금도 성장 중'이다. 그 무엇보다 엄마 자신을 돌보고 성장함으로써 후회하지 않는 엄마가 되길 바란다는 말에 격하게 공감했다.

엄마도 아이도 완성형이 아닌 성장형이다.
아이가 내 마음대로 자라지 않는다고 해도 좌절하지 마라.
아이는 아이 인생을, 나는 나의 인생을 사는 것이다. 그리고 아이가
자신의 믿음을 닫고 일어서 자립할 수 있을 때까지 기다려 주라. 아
이의 양육과 교육의 목표는 어차피 '자립'에 있지 않은가? (p.244)

『초등 엄마 거리두기 법칙』 내용의 일부이다. 그 무엇보다 엄마 자신을 돌보고 성장함으로써 후회하지 않는 엄마가 되길 바란다는 말에 격하

게 공감했다.

저자는 세 아이를 품에 안기까지 마음고생, 몸 고생을 많이 했다. 그때 다짐했던 것 같다. 아이만 내게 와준다면 아이를 위해서 내가 엄마로서 할 수 있는 모든 일을 다 하겠다고 말이다. 누구보다 완벽한 엄마가 되고 싶었고 자신도 있었다.

하지만 현실은 이상과 달랐다. 아이들이 크고 사춘기가 되면서 기쁨만큼 절망도 주었다. 아이가 어릴 때야 지극정성으로 키우면 되지만 아이들이 사춘기가 될수록 매일 부딪치는 갈등은 나를 힘들게 했다. 때로는 '내가 엄마로서 자격이 있는가?' 고민도 많이 했다. 사춘기 아이의 엄마로 사는 삶은 녹록치 않았다. 제법 공부도 잘했던 큰 아이가 공부를 다 내려놓겠다고 대 선언을 할 때의 그 충격은 지금도 잊을 수 없다. 그러나 이런 때일수록 배움이 필요했다. 저자의 부모님이 자식들을 위해 기도하고자 한 글을 배웠던 것처럼 저자도 우리 아이들의 마음을 알기 위해 사춘기라는 녀석부터 배워야 했다. 사춘기 육아가 그리도 어렵고 힘들었던 건 아이 때문만이 아니었다. 부족한 엄마가 안간힘을 쓰고 아이만 잘 키워보려 했기 때문이었다. 엄마도 아이와 함께 성장해야 한다.

사춘기 엄마로 산다는 것은 절대 쉬운 일이 아니지만 내가 큰 그릇이 될 수 있는 성장의 기회가 될 수 있다. 그러기 위해서는 나를 진짜 나를 알고 나를 성장시키는 과정이 필요하다. '엄마인 나는 무엇을 하고 싶은 걸까? 어떤 삶을 살고 싶은 걸까?' 나 자신을 돌아볼 필요가 있다. 무엇보다 내 마음이 편안할 때 비로소 나를 돌아보게 되고 마음을 다해 아이를 지지해줄 수 있는 엄마가 될 수 있다.

Kamillust & U♡jin Mind

"내 안에는 내가 느끼는 것보다 훨씬 지혜로운 사람이 있습니다. 내 안에는 내가 느끼는 것보다 더 강한 사람이 있습니다." 마음 치유 콘서트에서 혜민 스님이 한 말이다.

나는 성장하기 위해 더 많이 도전하고 배우고 있다. 배움을 위해서라면 왕복 8시간의 거리도 문제가 되지 않는다. 지방에 살지만 강남이든 부산이든 제주도든 좋은 강의가 있으면 지역을 막론하고 달려간다. 특히 만나고 싶은 멘토를 찾아서 조언을 구하는 일을 게을리 하지 않는다. 멘토를 만나고 인사이트를 얻을 때 가슴이 뛰기 시작했고 행동하기 시작했다. 매일 수요일은 책을 집필하며 작가로서 삶도 꿈꾸게 되었다. 아이들에게 엄마 아직 살아있음을 보여주고 싶었고 효과는 대단했다.

생각을 바꾸는 건 힘들다. 습관을 바꾼다는 건 더 힘든 일이다. 사소한 생각 하나 바꾸는 것은 나의 오래된 내면과 싸워 이기는 일이다 보니 시간도 고통도 따른다. 사람은 누구나 살다 보면 한 번쯤 인생의 터닝 포인트를 맞이하게 된다. 여기서 변하느냐, 그냥 두고 평생 그렇게 사느냐는 나의 몫이다.

대부분의 가정에서 사춘기 자녀로 크든 작든 골머리를 썩고 있다. 그럴 때 자녀를 위해서 내가 할 수 있는 일을 찾아보자. 나와 아이의 관계 개선을 위해 찾아보면 방법은 수없이 많다. 평생 배움의 시대에 새로운 기술이나 학문을 학교에서만 배워야 한다는 고정관념이 깨졌다. 사회는 무서울 만큼 놀라운 속도로 변하고 있다. 특히 코로나는 우리를 다이나믹한 온라인 세상을 알게 해주었고 할 일들이 많다는 것을 알게 해 주었다.

블로그, 인스타, 유튜브, 라이브 커머스 등 온라인 세상은 내가 더 많이 배우고 성장할 수 있는 기회를 주고 있다. 육아맘이든, 직장맘이든, 나이가 많든 적든 괜찮다. 내가 할 수 있는 만큼 시간과 정성을 들여 성장하기 위해 노력해 보자.

푹 퍼져서 하루종일 tv만 보고 있다가 아이가 학교 갔다 오면 '숙제했어? 공부했어?'만 묻는 엄마가 있다. 반면에 부지런히 본인을 가꾸고 공부하고 성장하는 엄마가 있다고 해보자. 전자인 엄마는 오직 공부만 외치고 다른 아이와 자녀를 비교한다. 자녀의 마음 따위는 관심도 없다. 당연히 얘기가 통할 리 없다. 반면 후자인 엄마는 사춘기를 잘 알아서 말도 잘 통하고 매일 배우고 성장하는 모습이 자녀인 내가 봐도 멋있다. 어느쪽 엄마가 나의 엄마이면 좋겠는가? 당연히 후자의 엄마일 것이다. 아이는 엄마의 시간으로 성장한다는 말이 있다. 엄마가 열심히 공부하고 성장하는 모습을 보이면 그걸 본 아이는 긍정적인 자극을 받게 된다.

늘 깨어있고
늘 부지런히 움직이고
늘 성장하는 삶이 되도록 하자.
그럴 때 아이들에게 더 당당하고 멋진 엄마의 모습으로 기억될 수 있다.
엄마니까 할 수 있다.

그대들의 아이들은 그대들의 것이 아닙니다.

아이들은 스스로 삶을 갈구하는 생명의 아들이자 딸입니다.

아이들은 그대들을 거쳐서 왔으나, 그대들에게서 나온 것은 아니며

비록 그대들과 함께 지낸다 하여도 그대들의 소유물이 아닙니다.

아이들에게 그대들의 사랑을 주되

그대들의 생각까지는 주지는 마십시오.

아이들 스스로 생각할 줄 알기 때문입니다.

아이들의 몸이 머물 집을 주되 영혼이 머물 집은 주지 마십시오.

아이들의 영혼은 그대들이 꿈에서라도 감히 찾을 수 없는 내일의 집에
살기 때문입니다.

아이들과 닮아 가려 애쓰되 아이들에게 그대들을 닮으라고 강요하지
마십시오.

삶이란 뒤로 돌아가는 것도, 어제와 함께 머무르는 것도 아니기 때문
입니다.

칼질 지브란(예언자)의 '아이들에게'

5. 사춘기 터널을 통과하고 보석으로 빛나리라

　　우리 자녀는 모두 보석이다. 성과를 내기 위해서는 가공 과정이 필요하고 원석이 필요하다. 원석이 있어야 보석을 만들 수 있다. 가끔 엄마들이 말한다.

　　　　　　　　　"우리 애는 재능이 없는 것 같아요."

　　정말 그럴까? 아니다. 어쩌면 남들하고 비교하기 바빠서 우리 애들 재능을 볼 여유가 없어서 아닐까? 원석은 다듬어지기 전에는 돌덩이에 지나지 않는다. 그러나 진정한 관심과 칭찬 격려로 원석을 다듬으면 빛나는 보석이 된다. 아이가 어떤 말을 하든 어떤 행동을 하든 너를 믿고 지지하고 있다는 인식이 아이에게 자리 잡을 때 아이는 행복을 느낀다. 아이들의 발달은 예민함이나 이상함이 아닌 기질의 다름에 대한 이해를 바탕으로 접근되어야 한다. 이러한 이론을 바탕으로 한 아이를 제대로 파악하지 못하면, 그 아이는 발견되지 못한 원석과 다름이 없다. 환경이나 교육들이 맞지 않을 때 기질의 양면이 보이는데 편안하면 기질의 좋은 점이 보이지만 불편하면 기질의 안 좋은 점이 보인다. 마치 성격이 안 좋은 것처럼 말이다. 이걸 보고 엄마들은 아이가 왜 짜증을 내는지 이유를 모른 채 겉으로 보이는 현상만 보지만 우리 전문가들은 본질을 본다.

　　20년 동안 학습코칭과 진로상담을 해오다 보니 많은 부모와 아이들의 안타까운 상황을 보게 되었다. 상담실 문을 열고 들어오는 부모와 아이의 표정을 먼저 보는데 2년 전 A양과 그녀의 엄마도 그랬다. 고2의 예쁘장한 얼굴이었지만 엄마에 대한 불만으로 가득했고 당장이라도 상담실 밖을 뛰쳐 나가고 싶어하는 것 같았다. 좀 더 자세히 말하자면 엄마랑 잠깐도 같이 있고 싶지 않다는 무언의 메시지가 느껴졌다. 엄마는 아이가 어릴 적에는 공부도 잘하고 말도 잘 들었는데 요즘 이상한 아이들과 어울리면서 성적이 바닥 쳤다면서 흥분했다. 지금 아이의 불만 가득한 표정도 이해되지 않는다며 화가 난다고 했다.

이런 경우 문제는 대부분 부모가 아이와의 관계 회복보다 공부와 성적에 우선순위를 두고 있다는 점이다. 아이의 불만이 무엇인지 관심은 없고 오직 성적에만 집중하면 아이는 외롭고 고통스럽다. 아이의 고민, 성향, 수준을 정확히 모른 채 정형화된 교육에 아이를 맞추면 아이는 결코 성장할 수 없다. 아이의 손을 잡고 눈을 마주치고 아이의 마음을 읽어줘야, 비로소 진짜 성장이 가능하다. 그리고 진짜 성적 향상으로 결과가 나오게 된다.

위에 언급한 A양은 행동형 기질의 아이였다. 친구를 좋아하고 활동적이며 가끔 욕도 좀 해줘야 스트레스가 풀리는 아이였다. 자기주장도 강하다 보니 감성형 엄마가 보기에 딸의 모습이 이뻐 보이지 않았다. 한숨과 잔소리가 많아지고 아이도 엄마의 그런 모습에 질려버렸다. 한번은 심해지는 엄마의 잔소리에 몸싸움까지 가는 지경에까지 이르렀다고 한다. 당연히 학습 의욕은 제로 상태였다. 상담을 통해서 서로 기질을 이해하고 수용하는 시간을 갖게 해주었고 기질별 학습 방법, 방향을 알려주니 아이는 서서히 마음을 잡기 시작했다. 특히 시험 기간에는 학습 멘탈 관리로 불안한 마음을 잡아주었다. 1년여의 집중 코칭으로 인해 5등급을 받던 아이는 1등급까지 성적이 올라 꿈에 그리던 명문대에 진학하게 되었다. 아이는 어느날 내게 장문의 문자 메시지를 보냈다.

단순히 명문대에 진학해서 기쁜 게 아니에요.
엄마를 죽이고 싶을 정도로 미웠어요.
내가 나쁜 아이인가 자책감에 잠도 못 자곤 했습니다.
그런데 지금은 세상에서 엄마가 가장 좋은 딸이 되었습니다.
감사합니다.
학습에 대한 본질도 이해하게 되었어요.
앞으로 저의 기질적 강점을 살려서 무슨 일이든 할 수 있다는
자신감이 생겼습니다.
제가 행복하게 공부하고 좋아하는 일을 할 수 있게 해주셔서
감사합니다.
제 생명의 은인! 사랑합니다. 선생님!

어머니와 단 둘이 사는 소년이 있었습니다. 나쁜 친구들과 어울리던 그는 비가 많이 내리던 어느날, 달려오는 트럭에 치여 큰 사고를 당했습니다. 두 눈 모두를 잃고 말았어요. 깊은 절망과 수렁에 빠져 어머니에게 고래고래 악다구니를 해댔습니다. 마음의 문은 닫아버렸고 옆에서 지켜보는 엄마는 눈물만 흘리고 지켜볼 수밖에 없었습니다.

그러던 어느날 소년에게 눈을 기증하겠다는 사람이 나타났습니다. 어머니의 간곡한 부탁으로 한쪽 눈 이식을 받게 되었어요.

한동안 소년은 붕대로 한쪽 눈을 가리고 있었습니다. 이제 애꾸눈으로 어떻게 살아가느냐고 끊임없이 투정을 부리면서 말이죠.

시간이 흘러 소년은 붕대를 풀게 되었습니다. 그런데 앞을 본 순간 소년의 눈에서는 눈물이 뚝뚝 떨어집니다. 그의 눈앞에는 한쪽 눈만을 가진 엄마가 애틋한 표정으로 아들을 바라보고 계셨던 겁니다.

"엄마가 미안하다. 두 눈을 다 주고 싶었지만 그러지 못했어. 내가 장님이 되면 내 몸뚱이가 네게 짐이 될 것 같아서…"

어머니는 끝내 말을 잇지 못하고 고개를 숙였습니다.[1]

---

[1] 박정혁. (2015). 이토록 공부가 재미있어지는 순간. 파주:다산북스.

이 글을 읽고 눈이 붓도록 울었습니다. 저자가 10살 때쯤 시멘트 위를 뛰어가다가 넘어진 적이 있었어요. 이때 뒤따라오시던 엄마가 놀라서 저의 깨진 무릎을 보고 속상해하며 우셨습니다. 저는 살짝 아프긴 했지만 엄마가 우실 정도로 심각한 상태는 아니었어요. 제가 오히려 엄마를 안아주고 '엄마, 나 괜찮아. 울지 마요.' 했지요. 엄마가 그러셨어요. 자식이 조금만 아파도 부모 마음은 찢어진다고요.

저자가 엄마가 되어보니 그 마음이 무엇인지 알 것 같습니다. 아이가 내게 찾아온 순간 저는 또 하나의 우주를 품었습니다. 배밀이하고 앉고 걷고 '엄마, 엄마' 하던 순간들, 갑자기 열이 나서 한밤중에 응급실에 달려가던 순간들, 엄마가 그리하셨던 것처럼 저자 역시 울면서 웃으면서 그렇게 키웠습니다.

부모의 역할이 만만치 않음을 알게 되었습니다. 그리고 많은 학부모가 상담을 통해 아이의 사춘기를 지혜롭게 보내고 싶어한다는 걸 알게 되었습니다, 그리고 그간의 경험을 바탕으로 호기롭게 책을 쓰기로 결정했지요. 그런데 저자의 사정으로 책 한 권을 내는 데 거의 1년이 걸렸습니다. 생업을 하면서 책을 쓰는 일이 보통 힘든 일이 아닙니다. 이 세상의 모든 작가님들께 경의를 표합니다.

사실 이 책을 쓰기까지 고민도 많았습니다. '중이 제 머리 못 깎는다'는 말이 있지요. 학원에서 어머님들과 상담하고 아이를 가르칠 때는 누구보다 빛이 나지만 집에 와서 엄마라는 자리로 돌아오면 저 역시 부족한 엄마입니다. 그러나 부족함을 알기에 평범한 엄마로서 내가 할 수 있는 역할이 무엇인지 공부하기 시작했습니다. 그리고 제일 중요한 것은 부모인 내가 먼저 나를 알고 자존감을 회복하고 행복한 엄마가 되는 것이었습니다.

엄마가 행복해야 사춘기 육아도 행복해지기 때문입니다.

내가 원하는 대로 삶이 나타난다는 사실 알고 있나요? 나는 인간의 모습을 한 위대한 존재라는 사실을 믿어 보세요. 나는 깨어있고 에너지가 충만하며 모든 좋은 일에 집중합니다. 그리고 그것에 감사하면 됩니다. 지금 자녀와의 관계를 개선하고 싶다면 반드시 책을 꼭 정독하고 자녀를 있는 그대로 인정해 주세요.

현재 나를 미치게 하는 사춘기 아이들의 현상만 보지 마세요. 아이들의 내면을 바라보고 진짜 하고 싶은 말이 무엇인지 살펴보세요. 그러기 위해서는 엄마도 공부가 필요합니다. 모든 것은 끌어당기는 대로 내 삶에 나타나게 됩니다. 현재의 고달픔에 너무 집중하지 마세요. 언젠가 사춘기는 지나갑니다. 아이는 시간이 지나면 언제 그랬냐는 듯 예전의 예쁜 강아지로 다시 돌아옵니다. 돌아온 내 새끼를 두 팔 벌려 꼭 안아주는 모습을 상상해보세요. 끌어당기세요. 아이는 웃으며 말할 거예요.

"엄마 미안해요. 저 때문에 마음 고생하신거 알아요. 믿고 기다려주셔서 감사해요"

글을 쓰는 내내 엄마가 떠올랐어요. 지금껏 살면서 엄마가 제게 참 많이 하신 말씀이 있어요. '우리 딸, 장하다. 멋지다. 최고다.' 덕분에 저의 자존감은 하늘을 찔렀어요.

저는 세상의 모든 엄마는 다 그런 줄 알았어요. 그런데 제가 엄마가 되어 보니 제일 쉬워 보이는 이 말이 왜 그리 어려울까요? 특히 아이들이 사춘기라는 터널을 통과하며 속을 썩일 때는 '멋지다, 최고다'라는 말은 고사하고 뒤통수를 한 대 때리고 싶을 때가 한두 번이 아닙니다.

저자의 엄마는 곧 아흔을 바라보십니다. 전화를 걸면 누구보다 카랑카랑한 목소리로 내 이름을 불러주시던 엄마는 이제 없습니다. 치매를 앓고 계시거든요. 그렇게 활기차고 예쁘던 엄마는 이제 앙상한 뼈만 남은 채로 저를 담담히 바라보기만 하십니다. 그럼에도 엄마품은 포근하고 따뜻합니다. 제가 사춘기로 방황하고 힘들어할 때도 묵묵히 지켜주고 믿음을 주셨던 어머님께 감사합니다. 한 여인이 탄생시킨 또 하나의 우주에게서 들을 수 있는 최고의 찬사는 이 한마디가 아닐까요.

"엄마 감사해요. 저를 있는 그대로 믿어주고 사랑해주셔서요. 저도 엄마가 된다면 당신처럼 키울게요. 존경합니다."

엄마를 생각하면 가슴이 뜨거워지고 깊은 존경을 표하는 것처럼 우리 아이들도 그래주면 참 행복할 것 같습니다. 아니 더 이상 바랄 게 없겠습니다.

세상에 태어나 제가 제일 잘 한 일은 세 남매의 엄마가 된 것이지요. 그러나 세 아이들의 각각 다른 사춘기 터널을 지켜보며 힘들었습니다. 책을 많이 읽고 연구했어요. 물론 아직도 부족한 엄마입니다. 그러나 저의 책이 사춘기 아이로 힘들어하는 모든 엄마들에게 조금이나마 힘이 되길 바랍니다.

"감사하는 마음은 끝없는 행복의 첫 걸음이다." - 로버트 브라우닝-

1) 사춘기를 안 겪을 수는 없나요?

그 맘 알지요. 저도 세 아이의 사춘기를 지켜보면서 참 힘들었거든요. 나 때는 그냥 저냥 있는 듯 없는 듯 지나가던 사춘기였는데 요즘 애들은 참 요란하게도 겪습니다.

그러나 다시 생각해볼까요. 사춘기가 얼마나 우리 인생에서 특별한 시간인지 안다면 생각이 달라질 거예요. 세상 모든 일은 생각하는 대로 보이는 법이니까요.

아무리 사춘기가 밉다고 발버둥쳐도 이는 어쩔 수 없는 자연의 섭리입니다. 다시 말하면 사춘기는 우리 인생에서 특별한 시간이죠. 그동안 우리는 신체적, 정서적으로 빠르게 성장하고 변화하는데, 이러한 과정은 때로는 아픔과 혼란스러움을 동반합니다. 이 아픔과 깨달음의 시간을 통해 우리는 더 큰 성장과 자기 발견을 이루게 됩니다. 결코 손해보는 장사는 아니네요. 사춘기의 성장통은 과연 힘들기도 하지만, 이를 극복하고 성장하는 과정에서 얻는 보상은 큽니다. 이 시기의 아픔과 깨달음을 겪으면서 우리는 자기를 더 깊이 이해하고 사회와 연결되는 방법을 배워나갑니다. 이 모든 것이 우리가 더 강인하고 온전한 성인으로 성장하는 데 도움을 줍니다.

에릭슨은 청소년기에 경험해야 할 필수 과제를 '소속감'과 '탐색'이라고 했어요. 어느 집단에 속하여 그 집단의 책임과 의무를 완수하는 소속감과 다른 하나는 밖에서 새로운 것을 찾아보려 시도하는 탐색입니다. 만일 소속감만 있고 탐색할 용기가 없으면 문제가 생기게 됩니다. 부모나 사회가 정해주는 '너는 이런 삶을 살아야 해.' 라고 말하며 그 이에 다른 것에 대해서는 시도해 볼 엄두를 못 내는 것이죠.

아이가 사춘기 없이 모범생의 삶을 살면 행복하겠다고요? 과연 그럴까요? 모범생으로 자라서 대기업에 취업해 부모가 원하는 배우자를 만나 결혼하는 삶. 완벽해 보이네요. 그러나 이런 경우도 언젠가는 갑갑함을 느끼고 일탈을 시도합니다. 그게 나쁘다고 할 수는 없어요. 이 또한 인간의 본능이니까요. 즉 사람은 살면서 한 번씩은 일탈을 시도합니다. 그 시기가 사춘기일 가능성이 많고요. 어차피 맞이할 일탈이라면 슬기롭게 받아들이는 것도 현명한 부모가 되는 방법입니다.

반면 소속감을 거부하고 그저 새로운 것만 찾아보겠다고 여행만 다니거나 호기심에 시도는 많이 하는데 끝을 맺지 못하는 경우도 있습니다. 주변에 보면 취업을 미룬 채 계속 새로운 공부만 하고 자격증을 따겠다며 공부만 하는 사람 있죠. 내 아이가 나이 30이 넘도록 공부한답시고 허구헌 날 방구석에서 나오질 않는다면 속이 문드러지죠.

아이들이 가정이 아닌 다른 곳에 소속감을 가지려 하고 탐색하는 것은 정상적인 발달 과정입니다. 독립해 나가는 데 꼭 필요하죠.. 친구들과의 소속감. 새로운 것에 대한 탐색이 때로는 마땅치 않은 상황과 방법으로 나타나서 우리 부모님들을 당황스럽게 만들기도 하지만 놀라지 마세요. 아이들의 사춘기가 시작되었음을 받아들이고 이 시기도 꼭 필요한 시기라고 생각을 바꿔보세요. 생각이 바뀌면 세상이 바뀐다고 합니다. 어때요? 그 꼴보기 싫던 사춘기가 고마워지지 않나요?

2) 뭣이 중헌디 / 우리가 결국 바라는 건 아이의 행복

아이 삶의 긴 여정에서 내가 아이에게 바라는 것은 무엇일까요?

바로 아이의 행복입니다. 그럼 행복하게 산다는 것은 무엇일까요?

좋은 대학에 보내는 걸까요? 그럼 좋은 대학 왜 보내려고 하나요?

결국 돈 많이 벌어서 편하게 살기를 바라는 거지요.

그러나 빠르게 변하는 시대에서 똑똑한 엄마들은 알아요.

이제 더 이상 좋은 대학 나온다고 성공하는 세상이 아니라는 사실을요.

돈 버는 머리와 공부 머리는 다릅니다. 재능이 다른 것입니다.

돈을 많이 벌게 하고 싶으면 그것을 가르치면 됩니다.

아이가 많은 집은 아실 거예요. 아이들마다 각자 다른 재능이 있다는 것을요.

우리는 어릴 적부터 학교와 학원, 성적에 둘러싸여 자라왔죠. 공부는 우리 삶에서 중요한 역할을 해왔고 미래를 위한 필수적인 준비라고 여겨졌습니다. 그러나 시간이 지남에 따라 점점 더 많은 사람들이 깨달은 것은 공부만큼이나 중요한 것들이 우리 삶에 숨어 있다는 것입니다. 그것은 바로 우리 각자의 독특한 재능입니다.

예술 분야 또는 인간관계와 소통 분야에서 또는 수리적인 부분에서 각자 자신만의 재능이 있고 이를 잘 발전시킬 때 사람이 더욱 풍요롭고 의미가 있습니다.

지금 당장 성적만 가지고 아이를 닦달하지 마세요. 아이가 사고치고 말 안 듣고 성질 돋우고 해도 아이를 지적하고 비난하는 대신에 어떻게 하면 아이와 나와의 관계에 도움이 될까? 한 번만 더 생각하고 행동하고 말하면 됩니다.

도움이 되지 않을 말과 행동은 하지 마세요. 그러면 아이가 부모에게 막말을 할 상황이 만들어지지 않아요. 아이가 부모에게 소리를 지르고 막말을 하게 되면 문제가 걷잡을 수 없이 커지게 됩니다.

우리가 결국 원하는 것은 아이의 행복입니다. 아이에게 행복을 선물하려면, 우리는 그들의 성장과 발전을 존중하고 지지하는 것이 중요합니다. 그들이 자유롭게 자신을 표현하고 탐구하며 배워나갈 수 있는 환경을 조성하면서, 행복한 인생의 토대를 마련하는 것입니다. 이렇게 함으로써, 아이는 행복을 발견하고 뿌리 깊은 내면의 만족감을 얻을 수 있을 것입니다.

3) 아이가 문을 쾅 닫고 들어갔을 때 혼내야 하나요?

아이가 문을 쾅 닫고 들어간 상황에서는 그들의 감정과 상황에 따라 다르게 대처해야 합니다. 아이가 문을 닫고 들어간 이유와 그들의 감정을 이해하고, 그들의 공간과 감정을 존중하는 방법을 고려해보십시오.

차분한 마음가짐으로 대기: 아이가 문을 닫고 들어간 순간에는 감정이 어지러울 수 있습니다. 먼저, 냉정하게 대처하기 위해 한숨 돌리고 차분한 상태로 대기합니다. 화를 내거나 감정적으로 반응하면 상황이 더 악화될 수 있습니다.

시간을 벌어주기: 아이가 문을 닫고 들어갔으면, 현재의 분노나 감정을 진정시킬 시간이 필요한 것일 수 있습니다. 그들에게 시간을 주고, 조용한

공간을 제공해 줍니다.

평화롭게 이야기 시작하기: 시간이 조금 지난 후, 아이가 감정을 다소 진정시킨 것 같다면, 부드럽게 이야기를 시작할 수 있습니다. "무슨 일이 있었어?"와 같이 어떤 일이 있었는지 물어보는 것은 상황을 해소하는 데 도움이 될 수 있습니다.

이해하고 공감하기: 아이가 자신의 감정을 표현하면서, 그들의 감정을 이해하고 공감하는 것이 중요합니다. "내가 너의 기분을 이해해. 그런데 무슨 일이 있었던 거야?"와 같이 그들의 감정을 수용하고 이해한다는 느낌을 주는 것이 좋습니다.

개인 공간과 경계 존중하기: 문을 닫고 들어간 것은 아이가 혼자만의 시간이나 공간을 필요로 한다는 신호일 수 있습니다. 이 경우, 그들의 개인 공간과 경계를 존중해주는 것이 중요합니다. 그들이 나중에 다시 이야기하고 싶을 때를 기다립니다.

해결책 찾기: 아이의 감정을 듣고 이해한 후, 함께 문제를 해결하기 위한 방법을 찾아보는 것이 좋습니다. 그들이 어떻게 하면 더 나은 상황을 만들 수 있을지 함께 고민해 보고, 그들의 의견을 듣고 존중합니다.

열린 대화 문을 열어두기: 이 상황을 통해 아이와의 대화가 더욱 의미 있는 것으로 이어질 수 있도록, 항상 열린 마음과 귀를 가지고 있습니다. 그들이 언제든지 이야기하고 싶을 때, 들어주고 이해해주는 태도를 유지합니다. 식탁에 맛있는 간식 준비해주고 아무 말도 하지 말고 기다려 보세요. 아이도 부모의 마음을 알고 기분이 저절로 풀릴 것입니다.

4) 가출을 했어요

아이의 가출은 매우 어려운 상황입니다. 부모로서는 감정적으로 힘들겠지만, 이때 중요한 것은 안전과 소통을 유지하는 것입니다. 아래에는 가출한 아이와 부모가 적절하게 대처할 수 있는 몇 가지 조언을 제시해 보겠습니다.

차분하게 유지하기: 아이가 가출한 소식을 들었을 때 감정이 폭발할 수 있습니다. 하지만 가능한 한 차분하게 유지하려고 노력해야 합니다. 폭발적인 감정 표출은 상황을 더 복잡하게 만들 수 있습니다.

경찰에 신고하기: 가장 중요한 것은 아이의 안전을 확보하는 것입니다. 아이가 무사히 돌아올 것이라고 믿더라도, 미래의 위험을 예방하기 위해 경찰에 가출 사실을 신고하는 것이 좋습니다.

지원 기관과 연락하기: 사회복지 기관, 심리상담사, 가족 상담 기관 등의 전문가들에게 도움을 청할 수 있습니다. 그들은 이와 같은 상황에 대한 경험이 있으며, 지원을 받는 것이 부모와 아이 모두에게 도움이 될 수 있습니다.

연락 수단 확보하기: 아이와 연락할 수 있는 수단을 확보하는 것이 중요합니다. 핸드폰이나 이메일 등을 통해 언제든지 연락할 수 있는 방법을 마련하십시오. 아이가 문제 상황에 처한 경우에도 연락할 수 있어야 합니다.

다른 가족 구성원과 연락하기: 다른 가족 구성원과 함께 협력하여 아이를 찾는 데 도움을 줄 수 있습니다. 가족들끼리 소통하고 협력하면서 아이의 안전을 최우선으로 생각하십시오.

진실하고 열린 대화: 아이가 가출한 이유를 이해하려고 노력하는 것이 중요합니다. 그들의 감정과 상황을 이해하려고 노력하며, 혹시나 문제가 되는 사항이 있다면 함께 대화하고 해결책을 찾는 것이 좋습니다.

사랑과 지지 표현: 아이에게 자신들이 그들을 사랑하고 지지한다는 것을 알려주는 것이 중요합니다. 어떤 상황에서든지 부모의 사랑과 지지가 있는 것을 느끼게 해주십시오.

전문가의 도움 찾기: 가출 상황은 복잡하고 감정적으로 힘든 상황일 수 있습니다. 전문적인 도움을 받는 것이 도움이 될 수 있습니다. 심리상담사나 가족 상담 기관과 상담을 통해 어떻게 대처해야 할지 조언을 얻을 수 있습니다.

중요한 것은 아이의 안전과 행복을 최우선으로 생각하는 것입니다. 이 상황을 부모와 아이 모두가 함께 해결할 수 있도록 협력하고, 전문가의 지원을 받아가며 상황을 개선해 나가는 것이 중요합니다.

5) 욕을 해요

아이에게 욕은 공격성을 조절하는 수단이자 또래 문화이기도 합니다. 스트레스가 쌓일 때 누그러뜨릴 수 있는 통과의례가 될 수 있어요. 특히 행동형은 욕을 거침없이 찰지게 잘합니다.

친구들끼리 대화하면서 하는 욕은 그냥 넘어가주세요. 그러나 부모나 어른들 앞에서는 하면 안된다는 것을 단호하게 알려주고 적극적으로 바로 잡아주어야 합니다.

너무 화가 나고 흥분된 상태라면 "있다가 얘기하자. 네가 욕까지 하는 거 보니 굉장히 화가 났구나. 진정될 때까지 기다려줄게." 라고 말해주세요. 아무리 화가나도 부모에게 어른에게 욕을 하는 것은 절대로 있을 수 없는 일임을 알려주세요. 그럼에도 나아질 기미가 보이지 않는다면 전문가나 기관에 도움을 받아보는 것도 좋은 방법입니다.

6) 숙제를 안 하려고 해요

숙제를 통해 아이들은 싫어도 해내는 능력을 키우게 됩니다. 그러나 아이들이 숙제를 안 하려는 상황은 많은 부모들이 마주하는 고민 중 하나지요. 알아서 숙제를 척척 해준다면 참 고마울 텐데 말이죠. 그러나 생각해볼까요? 숙제를 좋아하는 사람은 없어요. 우리도 어렸을 때 숙제 하기 싫어 버티고 버티다 혼나가며 숙제했던 기억 다들 있으실거에요.

우리 아이들도 마찬가지입니다. 숙제가 싫은 아이들의 마음을 먼저 이해하고 공감해주세요. 특히 아이의 어떤 어려움이나 불안함이 숙제와 관련되어 있는지 살펴봐 주세요. 왜 숙제를 안 하려고 하는지 이유를 듣는 것이 중요합니다. 아이와 솔직하게 대화하며 문제점을 파악해 보세요.

또한 아이의 숙제 해결 능력을 따져보고 해결 능력을 같이 고민해 보세요. 숙제양이나 숙제할 시간이 없어서 그렇다면 조절을 해주는 것이 좋습니다. 보통 시험기간이면 학원에서 아이의 학습역량과 상관없이 숙제를 어마어마하게 내주는 경우가 많습니다. 진도를 빼기 위해서 어쩔 수 없는 경우도 있구요. 이런 경우 아이와 얘기해보고 너무 숙제양이 많다고 생각되면 학원쌤과 얘기를 나눠보시는 것도 좋습니다.

아이들에게 시간 관리를 가르쳐 주세요. 계획형은 제법 알아서 잘 합니다. 그러나 행동형이나 감성형은 시간 관리가 힘들 수 있습니다. 숙제를 할 때 언제 시작하고 얼마나 시간을 할애해야 하는지에 대한 개념을 가르쳐 주세요.

숙제하는 시간에는 무슨 일이 있어도 숙제를 끝내고 다른 일을 하도록 습관을 들여주세요. 중요한 것은 옆에서 해결해주려 하지 말고 해결법을 알려주고 스스로 하도록 만드는 것입니다.

7) 무슨 말을 해도 듣지 않아요

사춘기에 아이가 말을 잘 들을 거라고 생각하시면 안 됩니다. 아이가 말을 잘 듣지 않는 것은 지극히 정상입니다. 아이는 리모컨으로 움직이는 로봇이 아닙니다. 힘들 거예요. 그러나 잔소리를 조금만 멈춰보세요.

8) 공부를 안 하겠다고 해요

이 순간이 부모로서는 제일 힘듭니다. 저자도 그랬으니까요. 가슴이 철렁 내려앉습니다. 무지개 빛이던 내 아이 앞날이 먹구름으로 가득찰 것 같은 걱정에 잠을 이루지 못합니다.

그러나 지금부터가 중요합니다. 아이가 단호하게 공부를 안 하겠다고 하면 일단 모든 것을 멈추세요. 학원도 다 그만두고 기다려주세요. 진지하게 무엇을 하고 싶은지 들어주세요. 그리고 그것을 위해서 지금 해야 할 일이 무엇인지 차근차근 알려주세요.

감정적으로 대응하지 마세요. 아이의 의견을 존중해주세요. 아이는 길고 긴 인생을 위해 잠시 숨고르기 하는 중일 테니까요. 격한 감정이 들어 아이와 마주하기 힘들다면 전문가에게 도움을 요청하세요. 저자에게 연락 주셔도 좋습니다.

좀 더 냉정하게 말해볼까요? 공부도 재능입니다. 재능이 없으면 힘들 수 있어요. 다른쪽에 재능이 있다면 빨리 찾도록 도와주세요. 억지로 공부 시킬 수 없습니다.

아이 때는 본인의 의지와 상관없이 엄마 손에 이끌려 여기저기 학원 투어를 합니다. 그러나 사춘기 때는 달라요. 책상에 앉아 있는 것도. 책을 보는 것도 내 의지가 없으면 할 수 없습니다. 차라리 학원비 아껴서 해외 여행 보내주세요. 아이가 정말 하고 싶다는 일에 쓰도록 하세요. 아이가 세상을 보는 눈이 달라지면서 다시 공부하고 싶어질 수도 있습니다.

전에도 그랬지만 공부는 성인이 되어서도 죽을 때까지 계속해야 합니다. 잠깐 공부 안 한다고 해서 큰일이 나지 않아요. 물론 이게 얼마나 어렵고 힘든 일인지 누구보다 잘 압니다. 그러나 이 시기가 지나면 공부할 아이들은 또 어떻게 해서든 다시 책상에 앉습니다. 방황할 시간을 주는 것도 부모의 특권이자 의무입니다.

9) 공부를 왜 하는지 모르겠다고 해요

사춘기 아이가 공부를 왜 하는지 모르겠다고 하소연합니다. 그리고 부모가 아이를 설득하는 상황은 흔한 일이지요. 공부를 통해 다양한 지식을 습득하고 능력을 키우면 미래에 더 많은 선택과 기회를 갖게 된다고 해도 아이들 귀에는 들리지 않습니다.

사춘기 아이들에게 동기는 부여되는 게 아니라 유발됩니다. 걱정할 수는 있지만 마음대로 할 수는 없어요. 동기가 유발되는 시기는 아이의 기질과 성향에 따라 다릅니다. 진로를 결정할 때가 가까워오면 갑자기 꿈이 없는 것을 심각하게 생각하거나 알맞은 시기에 유발된 동기를 붙잡고 꿈을 향해 걸음을 옮기기도 합니다.

부모로서 공부하는 이유에 대해서 얘기를 다 해주세요. 궁금하다면 다 알려주세요. 이후 제일 중요한 것은 무엇일까요? 바로 기다려주는 것입니다.

10) 부모로 사는 게 행복하지 않아요

사춘기 시기의 부모의 역할은 많은 도전을 안겨줍니다. 부모로서의 책임과 아이의 성장을 동시에 다루는 것은 쉽지 않은 일이죠. 하지만 힘들다고 해서 부모의 감정을 소홀히 하지 말아주세요. 주변에 이야기하고 고민을 나누는 것도 좋은 방법입니다. 가족이나 친구, 더 나아가 전문가들의 조언을 듣는 것은 상황을 다루는 데 큰 도움이 됩니다.

부모로서 시간과 노력을 아이에게 투자하는 것은 소중한 일이지만 본인의 휴식과 관심사도 소홀히 하지 마시기 바랍니다. 저자가 계속 강조하지요. 미치고 팔짝 뛸 현재 아이의 사춘기 현상에 집중하지 마세요. 하나의 과정일 뿐입니다. 여기에 너무 많은 에너지를 쓰지 마세요. 저자 또한 아이들 사춘기를 지켜보며 많이 울었습니다. 그러나 시간이 지나 돌이켜보니까요. 아이는 지극히 정상의 성장 기간을 거치고 있는 중입니다. 걱정할 이유가 없었던 것이었죠. 부모의 믿음과 지지만 있다면 아이는 잘 큽니다.

이제 관심을 나에게 돌려보시면 어떨까요? 나의 욕구도 참지 말고 채워 주세요. 예쁜 옷도 사고요. 운동도 하고요. 뭔가 성취감을 느낄 수 있는 일을 시작해보세요.

아이가 변하는 계기는 자기 자신이 변하겠다고 스스로 마음을 먹을 때뿐입니다. 부모가 안달한다고 해서 변하지 않아요. 사춘기 아이로 인해 스트레스에 잠식되어 아무것도 안 하고 그 문제만 바라보는 것은 우울로 가는 지름길입니다.

나의 욕구가 무엇인지 무엇이 하고 싶은지 힘들었던 나에게 선물도 주세요. 내가 행복해야 비로소 아이도 가정도 행복해집니다.

사람 사는 게 크게 다르지 않습니다. 먹고 싸고 부대끼며 사랑하고 사는 게 인생입니다. 그러나 시선을 어디에 두냐에 따라 누군가는 행복하고 누군가는 불행해지지요.

부모로 사는 게 행복하지 않다고요? 그렇다면 아이를 갖기 위해 난임센터에 다니거나 임신을 열망하는 주변 사람들을 한 번 둘러보세요. 누군가는 눈물나게 부러워하는 당신입니다. 이제 저자를 만나고 이 책을 읽었으니 마음이 편안해 졌을 거예요. 이제 행복할 차례입니다.

11) 말을 함부로 해요

행동형인 아이의 언어는 직설적인 경우가 많습니다. 따라서 필터 없이 말을 하다 보니 상대방은 화가 날 수 있어요.

말을 함부로 하는 경우 대처법이에요.

첫 번째는 아이가 특별한 상황에 했던 행동이라면 잠시 눈감아주시는 것도 좋아요. 감정이 요동치는 사춘기다 보니 나도 모르게 툭 하고 나올 수 있어요. 흥분이 가라앉은 다음에 차분히 대화를 나눠 보세요.

두 번째는 시도 때도 없이 말을 함부로 하는 경우입니다. 이 경우는 부모의 단호함이 필요한 때입니다. 사춘기라고 해서 무조건 다 받아주면 안되겠죠. 말을 함부로 했을 때 상대방이 느낄 모멸감도 알려주시고 상황에 맞는 올바른 표현 방법도 가르쳐 주세요.

12) 사춘기 아이와 잘 지낼 수 있는 말이 있을까요?

"엄마는 항상 네 편이야."

널 지지하고 언제든 도움이 필요할 때 도와줄 준비가 되어 있음을 표현해 주세요.

"사랑해"

아이에게 사랑을 느낄 수 있도록 상기시켜줍니다.

"아! 그래. 그랬구나."

아이의 감정을 이해하고 존중하고 있음을 표현해주세요.

아이를 보면서 표현하기 힘들다면 문자나 카톡으로 마음을 전해보세요. 짧아도 길어도 상관없어요. 아이를 사랑하고 걱정하는 마음을 듬뿍 담아 전달해 보세요. 아이의 사춘기가 조금 더 순하게 빨리 지나갑니다.

13) 자살 이야기를 해요

"난 더 이상 살고 싶지 않아."

아이가 자살을 암시하는 말을 하거나 관련 책을 읽는다면 심장이 쿵 내려 앉습니다. 자살 이야기를 하는 아이를 다루는 일은 매우 신중하게 접근해야 합니다. 무엇보다 아이의 안전과 정신적인 건강을 최우선으로 고려해야 해요.

아이의 감정을 들어주세요

아이의 말을 무시하고 흘려듣지 마세요. 부모로서 아이와 진지한 대화를 나누어 보세요. 그런 생각을 할 정도로 어떤 어려움을 느끼고 있는지 차분하게 들어주세요. 그리고 아이가 어떤 감정과 어려움을 느끼는지 이해하려 노력해주세요. 그들의 감정을 듣고 공감하며 어려움을 이해하려 노력하는 것이 중요합니다.

즉각적인 대응/ 전문가의 도움

아이의 상태가 불안정하거나 위험하게 느껴진다면 반드시 전문가에게 상담을 의뢰하세요. 심리 상담사나 정신 건강 전문가에게 도움을 요청하세요. 만약 아이가 실제로 위험한 상황에 처해 있다고 생각되면 신속한 조치가 필요합니다. 119 또는 자살 방지를 위한 응급번호인 '생명의 전화' 1588-9191 번으로 도움을 요청하세요.

안전 환경 조성

아이의 주변 환경을 안전하게 조성해주세요. 위험한 물건이나 약물 등을 접근하지 못하도록 하고, 가능하면 그들을 항상 지켜보세요. 또한 부모가 항상 너를 지지하고 신뢰하고 있음을 보여 주세요.

14) 사춘기 부모는 어떻게 해야 현명한 걸까요?

사춘기에는 아이와 소통하고 이해하고 공감해 주는 것이 가장 중요합니다. 아이는 인생에서 가장 격동의 시기를 보내고 있어요. 부모도 힘들지만 아이는 더 힘들 거예요. 우리 모두도 그렇게 사춘기를 보냈으니까요.

변화의 시기에 아이를 인정해 주면 됩니다. 아이는 학업, 성적, 친구

관계, 이성 친구, 외모, 부모님, 진로 등에 스트레스가 많습니다. 기질과 성향에 따라 스트레스의 강도는 다릅니다.

특히 사춘기 시절에 친구 문제는 성적 다음으로 전부입니다. 어린아이 대하듯 섣불리 개입하게 되면 아이는 간섭, 잔소리라고 느끼고 마음의 문을 닫아버리게 됩니다. 얼마나 힘들고 괴롭니? 라고 이해해 주시고 기다려 주세요.

간섭은 최소화! 관심은 최대화! 해주세요. 그러나 때로는 단호한 보호자의 역할도 중요합니다. 참 어렵지요. 아이의 성향에 따라 상황에 따라 역할을 다양하게 보여주세요.

15) 게임을 너무 많이 해요

아이의 게임 사용을 조절하면서 균형 있는 라이프 스타일을 유지하는 것이 중요합니다. 먼저 아이와 열린 대화를 통해 하루에 게임을 얼마나 하면 좋을지 함께 이야기해 보세요.

무조건 게임을 못 하게 하는 것은 아이에게 크나큰 시련입니다. 스스로 게임 시간에 대한 규칙을 설정하게 해주세요. 하루에 허용되는 게임시간을 정했으면 반드시 지키도록 도와주세요. 아이의 게임 시간을 고정된 일정에 맞추어 관리하고 특별하게 방학이거나 주말에는 조금 더 많은 시간을 허용해주는 것도 괜찮습니다.

또한 아이의 관심을 다양한 활동으로 유도해 보는 것도 좋습니다. 아이의 관심분야에 맞게 스포츠, 예술 등에서 즐거움을 찾을 수 있도록 도와주세요. 만약 아이의 게임중독이 심각한 수준이라면 전문가의 도움을 받아보는 것도 고려해 보세요. 심리 상담가나 전문가의 조언이 도움이 될 수 있습니다. 게임 중독이 되기 전에 미리 예방하는 것이 중요합니다.

16) 게임 중독인 것 같은데 병원에 가지 않으려고 해요

게임 중독이 되면 뇌가 공격적으로 바뀐다고 하지요. 게임 중독은 심각한 문제가 될 수 있으며 건강과 정신적 안녕을 위해 적절한 대처가 반드시 필요합니다. 아이가 병원에 가지 않으려고 한다면 전문가의 도움을 간접적으로 받아보세요. 학교의 상담사나 교사에게 상담을 요청해볼 수도 있습니다. 또는 아이가 신뢰할 수 있는 성인에게 도움을 요청해 보세요. 아이와 더 가까운 사람, 삼촌이나 이모, 선생님, 친구의 도움을 빌려보세요. 함께 상황을 이해하고 대처 방법을 모색해 보세요.

아이가 병원에는 가지 않으려 할 수 있지만 본인 또한 게임중독이 심각함을 어느정도 인지하고 있을 거예요. 부모의 신중한 접근과 인내가 필요한 시기입니다. 게임 사용을 조절하기 위해 같이 일정을 만들거나 다른 활동을 늘리는 계획을 세워보는 것은 어떨까요? 아이가 미래에 어떤 목표를 달성하고 싶은지 함께 이야기해 보세요. 또한 게임 사용 시간을 제한하기 위한 기술적인 도구나 앱을 활용해 보는 것도 좋습니다. 아이와 함께 설정하고 관리하는 것이 가능하기 때문에 도움이 됩니다.

아이가 스스로 게임중독임을 깨닫고 변화하고자 하는 과정은 쉬운 일이 아닙니다. 어려운 도전이에요. 믿을 만한 성인의 도움을 간절히 바라고 있을지도 모릅니다. 다만 미성숙하다 보니 표현 방법이 서툴 수는 있어요. 병원에 가는 게 혼나러 가는 게 아니라 진심으로 건강하고 균형 잡힌 삶을 살 수 있도록 도와주기 위함임을 알려주세요. 부모의 간절한 바람과 지속적인 노력으로 많은 아이들이 게임중독에서 벗어나 균형 잡힌 삶을 살고 있습니다. 물론 힘든 과정이지만 부모니까 할 수 있어요.

17) 자퇴하겠다고 해요

아이가 자퇴를 고려하는 이유는 다양할 수 있어요. 학교라는 제도에 대한 회의감이거나 친구 또는 선생님과의 관계, 학업의 어려움 등 여러 가지가 있을 수 있어요. 학교에서 겪는 부정적인 경험(왕따, 폭력, 괴롭힘)은 아이가 견디기 힘들지요. 학교나 교육방식에 대한 불만이나 불편함 또는 본인의 역량을 더 잘 발휘하거나 다른 길을 찾기 위해 학교를 벗어나고 싶어 할 수도 있습니다. 여러 가지 이유들은 각각의 상황에 따라 다를 수 있습니다.

먼저 아이가 자퇴를 생각하는 이유를 들어주세요. 마음을 열고 대화를 하는 것이 중요합니다. 부모가 흥분해서 아이를 닦달하듯 말하는 것은 오히려 부정적인 결과만 가져옵니다.

아이가 대학교를 가는 게 의미 없다고 할 경우 학교는 작은 사회라 학교에서의 인간 관계도 중요함을 얘기해 주세요.

그러나 아이가 정신적으로 너무 힘든 경우는 학교보다는 우리 아이가 먼저입니다. 아이의 선택이 완고하다면 자퇴로 인해 생길 수 있는 점들을 차분히 알려주되 선택은 아이가 하도록 해 주세요.

자퇴가 항상 나쁜 결정은 아닐 수 있습니다. 오늘날은 자퇴에 대한 다양한 시각이 존재합니다. 실제로 성공한 사람 중에 자퇴해서 일찍 세상을 알고 성공한 사람들의 이야기가 우리 주변에 많이 있습니다. 스티브 잡스, 빌 게이츠, 리처드 브랜슨, 제임스 캐머론 등이 유명합니다. 이들의 이야기는 학교를 중도에 자퇴한 경우라도 성공을 이뤄낼 수 있다는 것을 보여줍니다. 중요한 것은 자퇴를 결정할 때 그 결정에 책임을 지고 열정과 노력을 통해 목표를 추구하는 것입니다. 자퇴는 특정 상황에서 필요한 선택일 수 있습니다. 성공과 실패는 결국 개인의 노력과 열정에 달려 있습니다.

이런 저런 방법을 다 써봤는데도 아이의 생각이 확고하다면 받아주세요. 자식일은 마음대로 되지 않습니다. 부모가 자신의 선택을 존중해준다는 사실을 알게 되면 아이는 자신의 선택에 책임을 질 가능성이 높아요

심장이 쿵 내려앉고 아이 인생이 망한 것 같아 절망적일 수 있지만 인생은 길어요. 100세 시대 인생을 멀리 넓은 시각으로 바라보면 마음이 편해집니다. 내 아이가 이런 선택을 했다는 것도 어찌보면 대단한 용기가 아닐 수 없습니다. 그 용기에 박수를 보내주면 어떨까요. 이 녀석이 얼마나 멋진 인생을 살려고 이렇게 큰 용기를 갖는 것일까 기대된다고 얘기해 주세요.

18) 너무 느린 아이, 속이 터져요

아이들은 크게 느린아이 VS 빠른 아이로 나눕니다.

아이들의 성적은 꾸준히 올라가는 게 아니라 불연속적으로 올라갑니다. 초등과 중등 때 최상위권을 찍던 아이도 어떤 계기로 인해 공부에 손을 놓아버리는 경우도 있구요. 반대로 또 어떤 계기로 인해 전교 바닥을 찍던 아이가 미친 듯 공부해서 원하는 대학을 가서 만족하는 삶을 사는 경

우도 많습니다. 인생은 한 치 앞도 알 수 없다고 하죠.

부모가 아이에게 줄 수 있는 최고의 선물은 믿어주는 것입니다.

그럼 언제까지 믿어줘야 하나? 영원히 무조건적으로 믿어주세요! 그게 바로 부모의 의무이자 부모가 할 수 있는 최고의 선물입니다. **아이의 자존감의 뿌리는 어떤 상황에서도 믿어주는 부모의 마음입니다.** 사춘기 아이에게 자존감을 갖기란 쉬운 일이 아닙니다. 그러나 부모의 믿음은 아이의 인격형성에 가장 큰 영향력을 줍니다.

"철수야. 널 믿어. 아직까지 네가 공부에 흥미를 느끼지 못하지만 괜찮아. 언젠가는 네가 공부든 무엇이든 네가 좋아하는 일을 찾아서 눈이 반짝이는 날이 올 거야. 정말이야."

이 말이 아이에게 진심으로 전달이 된다면 아이는 세상 무서울 게 없습니다.

"그래, 부모님이 나를 믿어주시니 이번 시험에는 망쳤지만 실망하지 않고 다음 시험을 위해서 열심히 해보자."

부모의 무조건적인 믿음이 느린 아이에게 공부 의지를 심어줍니다. 아이가 조금 늦으면 어때요? 느린 아이라도 행복하고 성공적으로 살 수 있어요. 성장과 발전은 평생에 걸친 과정이며 조금 느리더라도 시기에 상관없이 가능성은 열려 있습니다.

19) 산만한 우리 아이, 어떡하죠?

저자는 세 아이를 낳아 키우고 20여 년 넘게 학원에서 아이들을 가르쳐보니 인간에 대한 이해가 깊어졌습니다. 전에는 사람의 외모나 성향이 다 비슷하게 태어나고 각기 다른 환경에 자라면서 달라진다고 생각했어요. 그러나 결혼하고 아이마다 뱃속에서의 움직임에서부터 갓 태어날 때 울어대는 성량까지도 다름을 알게 되었습니다. 생김이 다르고 울음소리, 수면패턴, 먹는 양, 활동수준까지 모두 다릅니다. 비슷한 아이는 있어도 똑같은 아이는 없습니다. 어떤 아이는 잘 먹고 잘 자지만, 어떤 아이는 동일한 환경이 주어져도 자주 울고 보채며 떼를 씁니다.

또한 학원을 운영하고 학습코칭을 하면서 다양한 아이들을 만났습니다. 특히 유난히 질문도 많고 호기심이 많은 아이들이 있어요. 궁금한 것은 절대 그냥 넘기지 못하는 아이들이죠. 어느 부분이 이해가 가지 않으면 다음 학습으로 진행이 안 되다 보니 남을 신경 쓰지 않고 질문합니다. 호기심이 많다 보니 가끔 산만해 보이기도 합니다. 기질을 배우기 전에는 이런 아이들은 학원 탈퇴 1순위 대상이었어요. 이 아이로 인해 학습 분위기가 망가지기 때문이지요. 이런 성향의 자녀를 둔 부모들은 어딜 가든 민폐를 끼치는 아이 때문에 죄인이 됩니다. 더욱 심할때는 '아동 ADHD'가 아닐까 걱정이 한 가득입니다.

3년전에 만난 중2 A군의 어머니도 하루도 마음 편할 날이 없었어요. 학원에서, 학교에서 들려오는 사고 소식에 감당하기 힘들었습니다. 심지어 학교에서도 ADHD 검사를 받아보라고 권유할 정도였습니다. 검사를 받고 약도 먹었는데 A군은 도저히 나아지지 않았습니다. 그러나 상담을 통해 행동형 성향임을 알게 되었어요. 아이의 급한 성격, 거침없는 스킨십이 문제가 되어서 그랬던 것일까요? 아닙니다. 바로 그 아이를 바라보는 부정적인 어머니의 시선에 있었습니다.

어머니는 감성형으로 행동형과 반대이다 보니 아들을 이해하지 못했습니다. 계속 억누르려고만 하다 보니 아이는 욕구를 충족하지 못하고 사춘기가 되면서 그 부작용들로 거칠어지게 된 것입니다. 아이의 기질을 알고 어머니는 달라졌습니다. 그리고 아이도 달라지기 시작했어요. 아이가 달라지게 된 계기는 무엇이었을까요? 정신과 치료도, 약 복용도 아니었습니다. 바로 어머니가 아이의 기질을 온전히 이해하고 인정하고 수용한 것뿐이었습니다.

그리고 차츰 관계가 좋아지고 행동형 아이답게 리더십을 발휘했습니다. 친구들을 이끌었고 학교에서 모범상을 받기까지 했습니다. 행동형 아이가 모범상을 받기란 참으로 힘든 일입니다. '폭력적인 ADHD'라고 의심받던 아이가 그 어려운 것을 해냈습니다.

아이가 문제 행동을 할 때는 먼저 아이가 나에게 어떤 신호를 보내는 것이 아닌지 가만히 들여다 보기 바랍니다. 세상에는 아직도 자신의 기질을 인정받지 못 하고 문제라는 낙인이 찍혀버린 안타까운 아이들이 많습니다. 어쩌면 그 아이들은 온 몸으로 자신을 알아달라고 몸부림치며 신호를 보내고 있는 것일지도 모릅니다.

20) 행복한 부모가 되고 싶어요

토닥토닥! 고생 많으셨습니다. 그 과정이 얼마나 힘든지 알기에 꼭 안아드리고 싶어요. 사춘기 아이와 전쟁하느라 마음고생 심하셨을 부모님들, 이제 그만 우세요. 행복한 부모로 다시 태어나시기 바랍니다. 이제 당신은 우리 아이만이 가지는 기질적 특징이 있음을 그리고 나와 다른 인격체임도 알게 되었습니다. 더 나아가 행복한 자녀로 키우기 위한 현명한 교육법까지 알게 되었습니다. 그렇다면 이제부터 정말 중요한 것은 무엇일까요? 바로 실천입니다. 뭐든지 알기만 하고 실행하지 않으면 아무런 소용이 없습니다.

부모는 자녀들에게 세상 살아가기를 가르쳐 주고 싶어 합니다. 그러나 부모의 가르침이 오히려 아이를 힘들게 할 수 있어요. 내가 지금 하고 있는 교육과 훈육이 단순한 부모의 욕구 충족이 아닌지 고민해보시기 바랍니다. 자녀를 있는 그대로 인정하고 지지해주는 것이 바로 최고의 자녀 교육법입니다.

저자는 몇 해 전까지도 '나는 할 수 있다. 안 되면 되게 하라'는 구호를 외치며 열심히 살았습니다. 내가 할 수 없는 일들에는 괴로워하며 게으른 내 자신을 탓했습니다. 그러나 이제 그때의 상황에서는 무엇보다 절대적이었던 것이, 절대적이 아닐 수도 있음을 알아가게 되었습니다. 인간은 행복을 추구하는 영적인 존재로서 누구나 행복하게 살고 싶어합니다. 사람마다 타고난 자기만의 욕구를 채우는 것이 삶을 살아가는 욕구이자 태어난 이유가 됩니다.

이제부터 제대로 나를 살펴보는 시간을 가져보길 바라요. 내가 나를 이해하기 위해서는 나의 심리재능을 알고 나답게 사는 방법을 알아야 합니다. 내게 있는 부족한 부분은 인정하며 더 많이 타고난 재능대로 노력하며 살면 행복해질 수 있습니다.

이제 사랑하는 사람이 떠오를 거예요. 내가 행복한 만큼 사랑하는 사람도 행복하길 바라는 마음은 인지상정입니다.

삶은 에너지로 연결되어 있기 때문에 내 곁의 사람들이 내 삶에도 영향을 미칩니다. 나 혼자만 잘 살아가는 것보다는 나에게 의미 있는 남편, 자녀 등 소중한 이들과 함께 나아가는 것이 중요합니다. 사랑하는 아이와 행복한 미래를 함께 할 모든 부모님들을 응원합니다.

<**아이에게 매일 해줘도 부족한 말**>

나는 너를 믿는다.

너는 틀림없이 결국 해내는 사람이 될 거야.

Thanks to♡

이 책을 내기까지 열렬한 지지와 응원을 보내주신 모든 분들께 진심으로 감사함을 전합니다.

어메이징한 추천사를 기꺼이 내어주신 배현 교수님, 강은미 작가님, 이치헌 대표님, 박제희 교수님, 김새해 작가님 감사합니다.

멋진 책이 나올 수 있도록 아낌없는 지원해주신 디아스포라 손동민 대표님과 강민영 디자이너님, 박정은 에디터님 감사합니다.

또한 지금의 나를 있게 해주시고 한 없이 품어주시고 사랑주시는 양가 부모님 진심으로 감사하고 사랑합니다.

26세에 만나 한결같이 사랑주고 믿음주는 남편, 김성대씨 사랑합니다.

나의 세 보물, 채린, 도훈, 준현 이름만으로 기쁨으로 울컥해지는 존재들입니다. 바쁜 엄마를 이해해주고 존중해줘서 고맙고 사랑합니다.

마지막으로 나의 사랑하는 벗들과 모든 인연들, 그리고 이 책과 함께 해주신 모든 독자님들께 감사합니다.